어디까지 가 봤니?
방방곡곡 한국지리 여행

어디까지 가 봤니?
방방곡곡 한국지리 여행

2017년 9월 25일 초판 발행 | 2024년 4월 22일 6쇄 발행

지은이 김은하 | **그린이** 긴리
펴낸이 김기옥 | **펴낸곳** 봄나무 | **아동 본부장** 박재성
편집 김인애 | **편집 디자인** 스튜디오 헤이,덕
영업 김선주 손혜인 | **제작** 김형식 | **지원** 고광현 임민진 김주현
등록 제313-2004-50호(2004년 2월 25일)
주소 121-839 서울시 마포구 양화로 11길 13(서교동, 강원빌딩 5층)
전화 (02) 325-6694 | **팩스** (02) 707-0198
이메일 info@hansmedia.com

도서주문 한즈미디어(주)
주소 121-839 서울시 마포구 양화로 11길 13(서교동, 강원빌딩 5층)
전화 (02) 325-6694 | **팩스** (02) 707-0918

ⓒ 김은하, 긴리 2017
ISBN 979-11-5613-112-0 73980

사진 자료 제공
- 국가가지질공원 (www.koreageoparks.kr)
- 한국관광공사 사진 갤러리
(http://korean.visitkorea.or.kr/kor/tt/pr_gallery/new_photo_gallery/main/main.jsp)

- 이 책 내용의 일부 또는 전부를 재사용하려면 반드시 저작권자와 봄나무 양측의 동의를 얻어야 합니다.
- 이 책에 실린 사진 일부는 저작권자를 찾지 못한 채 쓰였습니다.
  뒤에 연락해 주시면 합당한 사용료를 드리겠습니다.
- 책값은 뒤표지에 나와 있습니다.

머리말

방방곡곡 누빌수록 더 궁금한 우리 땅

우리나라는 국토가 좁다는 말을 흔히 듣곤 합니다. 그래도 방방곡곡 여행을 다니다 보면 꽤 다양한 지역을 보게 됩니다. 거칠고 험한 산을 힘겹게 오를 때도 있고, 낮고 완만한 동네 뒷산을 산책할 때도 있지요. 동해에서는 하늘마저 삼켜 버린 듯 짙푸른 바다를 바라볼 수 있고, 서해에서는 썰물이 빠지면 얼마나 넓은 갯벌이 펼쳐질까 호기심을 가지고 바라보게 됩니다. 친구를 만나러 다른 도시에 가 보는 것도 즐거운 일이지요.

방방곡곡 다니다 보면 산은 산대로 강은 강대로 다양한 모습을 보여 주고, 그 모습을 자세히 보고 싶어 한 발짝 더 다가서 봅니다.

산행을 하다 보면 북한산처럼 울퉁불퉁 바위들 사이를 걸어야 하는 산이 있는가 하면, 지리산처럼 풀과 나무가 우거진 울창한 숲길을 걷게 되는 산도 있어요. 두 산은 왜 이렇게 다른 모습일까요?

우리는 산을 그릴 때 끝이 뾰족한 삼각형 모양으로 그리곤 합니다. 하지만 막상 산에 가 보면 비탈을 한참 올라 정상에 섰는데 그곳에서 다시 능선이 이어지는 곳이 많습니다. 어떤 곳은 능선이 평탄해서 산책하듯 걷기도 합니다. 그러다가 넓은 배추밭이라도 만나면 내가 산에 올라온 거 맞나 싶어서 주변을 둘러보기도 하지요. 어떻게 해서 산 위에 넓은 밭이 있는 걸까요?

　강물은 직선으로 흐르지 않고 구불구불 흘러갑니다. 흙과 모래를 운반해 강 가운데 섬을 만드는가 하면, 어떤 곳에서는 바위를 깎아 절벽을 만들기도 합니다. 강은 어떻게 이런 일을 할 수 있을까요?

　동해에서는 깊고 푸른 바다가 거칠 것 없이 펼쳐지지만 남해에서는 섬이 많아 탁 트인 바다를 쉽게 볼 수 없어요. 그런가 하면 서해에는 세계적으로 손꼽히는 규모의 갯벌이 발달해 있습니다. 세 바다의 모습은 왜 이렇게 달라진 걸까요?

　이렇게 궁금증이 생기다 보니 어디를 가든 관심을 가지고 보게 됩니다. 졸졸 흐르는 냇물과 굽이쳐 흐르는 계곡물, 높고 낮은 산들, 빌딩숲으로 가득한 대도시와 한적한 시골 마을……. 어디를 가든 이런 지형은 어떻게 만들어졌는지, 또 그 자연환경이 우리 생활에 어떤 영향을 미치는지 생각하는 거지요.

　이 책은 그렇게 궁리하고 공부하면서 알게 된 것들을 여러분과 함께 나누기 위한 것이랍니다. 이 책을 보면서 우리가 살고 있는 땅에 대해 조금 더 알고 또 관심을 갖게 되기를 기대해 봅니다.

- 지리산 자락에서 김은하

머리말 _004

우리가 살고 있는 땅 두루 살피기

우리나라가 극동 지역에 있다고? **위치** _012
정동진은 정말 가장 동쪽에 있을까 _015

우리나라는 얼마나 넓을까 **국토** _018
독도는 정말 우리 국토의 막내일까 _021

한반도는 언제 생겨난 땅일까 **한반도의 역사** _024
고성 덕명리에는 왜 공룡 발자국이 많을까 _030

김치 맛은 왜 지역에 따라 다를까 **기후** _033
대구는 왜 그렇게 더울까 _039

팔도강산이라는 말은 언제부터 썼을까 **행정 구역** _042

울쑥불쑥 산 넘어 찾아가기

산이 국토의 대부분을 차지해 _048
높은 산 위의 평평한 땅 **대관령** _051

산줄기 사이로 길을 이어 주는 고개들 _054
옛 고갯길의 모습을 잘 보여 주는 **문경 새재** _058

산은 우리 생활에 어떤 영향을 미칠까 _061
지리산은 국립 공원 1호 _064

산은 많지만 지하자원은 부족해 _068
석탄을 가장 많이 생산했던 **정선** _073

석회암 지역에는 왜 동굴이 많을까 _076
석회암 지형을 잘 보여 주는 **단양** _080

우리나라에도 화산이 있을까? _082
제주도에서 볼 수 있는 화산 지형들 _085

굽이굽이 강물 따라 찾아가기

우리나라 하천의 특징 _090
낙동강이 휘돌아 흐르는 곳 **안동 하회 마을** _094

강의 길이는 어디서부터 어디까지일까 _097
세 개의 물줄기가 나뉘는 곳 **태백 삼수령** _100

강물이 흘러가며 만든 땅들 _102
한강 속의 섬 **여의도와 밤섬** _107

교통로로 이용되는 물길 _110
한강을 끼고 번성했던 **마포 나루** _114

물을 가두는 댐과 호수가 된 강들 _117
호반의 도시로 불리는 **춘천** _121

평평하게 펼쳐진 평야 둘러보기

평야는 어떻게 만들어질까 _126
호남평야가 품은 도시 **김제** _128

삼각주는 어떤 곳에 만들어질까 _130
김해평야를 이루는 **낙동강 삼각주** _133

화산 활동으로 생겨난 평야 _135
화산 활동의 흔적을 볼 수 있는 **철원평야** _138

드넓은 **바다** 향해 나아가기

해안선이 단순한 동해, 복잡한 서해와 남해 _142
우리나라에서 섬이 가장 많은 **신안군** _147

바닷가에서 볼 수 있는 지형들 _150
모래가 만든 땅 **신두리 사구** _155

갯벌은 마구 메워도 되는 땅일까 _157
수백 년에 걸쳐 간척된 땅 **강화도** _162

섬은 육지와 동떨어진 곳일까 _165
동해 저 멀리 솟아 있는 섬 **울릉도** _168

바다에서 얻을 수 있는 것들 _172
굴비로 유명해진 **영광 법성포** _176

바다는 세계로 통하는 길 _178
세계를 향해 열린 도시 **인천** _181

북적북적 도시 속으로 찾아가기

도시를 발달시키는 요인들 _186
교통 발달로 커진 도시 **대전** _190

바다를 배경으로 발달한 도시들 _193
일제 수탈의 전진 기지가 됐던 **군산** _195

공업 단지는 어떤 곳에 들어서는 게 좋을까 _198
최초의 국가 산업 단지 **울산** _202

도시가 커지면 어떤 문제가 생길까 _204
급속히 팽창한 거대 도시 **서울** _207

대도시의 기능을 돕는 지역들 _210
우리나라 최초의 신도시 **수원 화성** _213

우리가 살고 있는 **땅** 두루 살피기

우리나라가 극동 지역에 있다고? 위치

우리나라의 위치를 말할 때 '극동'에 위치한 한반도라고 표현할 때가 있어. 극동이란 가장 동쪽이라는 뜻이잖아. 이게 맞는 말일까?

지구가 둥글다는 걸 모르는 사람은 없을 테지? 그렇다면 지구의 어느 지점에서 출발하든 동쪽으로 계속 가면 결국 출발한 곳으로 돌아오게 된다는 것도 알 거야. 둥근 지구에서 '가장 동쪽'은 있을 수 없는 거지. 혹시 지구가 옛날 사람들이 생각했던 것처럼 평평하다면 모를까.

잠깐! 이 세상이 평평하다면 극동 지역이 있을 거라고? 둥근 지구를 평평한 면에서 보는 방법이 있기는 해. 바로 지도에서 말이야!

세계 지도 중에는 우리나라가 극동 지역에 있는 것이 꽤 많아. 하지만 잘 보라고, 그런 지도는 어디까지나 유럽이 중심에 있는 지도야. 유럽을 '세상의 중심'으로 놓고 보니까 우리나라가 극동에 위치하게 되는 거지.

지도를 살짝 바꿔 볼까? 우리나라가 중심에 있는 지도로 말이야.

바뀐 지도에서는 캐나다와 브라질이 동쪽에 위치하고 있어. 그러니까, 우리나라가 극동 지역에 있다는 건 순전히 유럽을 중심으로 놓고 봤을 때 이야기야. 유럽에서 우리나라를 보면 동쪽에 있지만, 일본에서 보면 서쪽일 테고, 호주에서 보면 북쪽에 위치한 것이 돼. 이처럼 우리나라의 위치를 다른 곳과 비교해서 나타내는 것을 '상대적 위치'라고 해.

다른 지역과 비교해서 달라지는 표현 말고 늘 같은 말로 우리나라의 위치를 나타내려면 '위도'와 '경도'를 사용하면 돼.

위도와 경도는 지구상에 가상으로 그은 가로선과 세로선이야. 위도는 적도를 기준으로 북극까지를 북위 90°(도)로, 남극까지를 남위 90°(도)로 나눈 거야. 경도는 북극과 남극을 잇는 세로선을 360°(도)로 나눈 거고.

경도는 지구를 빙 둘러가며 그은 선이니까 기준이 되는 선, 그러니까 0°가 되는 기준선이 필요해. 이 기준선을 '본초 자오선'이라고 하는데, 영국의 그리니치 천문대를 지나는 경선이 기준이야. 이 기준선에서 동서 방향으로 각각 동경 180°, 서경 180°까지 표시한 것이 경도지.

위도와 경도를 사용하면 지구상의 어느 지점이든 '북위 38°, 동경 127.5°'처럼 숫자로 나타낼 수 있고, 듣는 사람도 언제 어디서든 그 위치를 찾을 수 있어서 편리해. 한반도의 위치를 경도와 위도로 나타내면 북위 33~43°, 동경 124~132°야.

이렇게 경도와 위도를 이용해서 위치를 표시하는 것을 '수리적 위치'라고 해.

지구는 둥그니까 360도! 물론 진짜로 지구에 줄을 그을 수는 없어. 가상의 선이지.

정동진은 정말 가장 동쪽에 있을까

강원도 강릉 시내에서 동해안을 따라 남쪽으로 18km쯤 가면 정동진이라는 곳이 있어. 정동진(正東津)은 글자 그대로 하면 '정동 쪽에 있는 나루'라는 뜻이야. 동서남북 방향은 어느 쪽에서 보는가에 따라 달라져. 그런데도 이곳을 '정동' 쪽이라고 생각했던 건 한양을 기준으로 삼았기 때문이야.

한양은 조선 시대 우리나라의 중심이었는데, 특히 왕이 있는 궁궐을 나라의 정중앙이라고 생각했어. 한양에서 지방까지의 거리를 잴 때도 궁궐 앞을 기준으로 삼았지. 그러니까 정동진은 '한양 광화문에서 정동 쪽으로 가면 있는 나루터 마을'이라고 해서 붙여진 이름이야.

정동진에는 작은 기차역이 있는데, 세계에서 바다와 가장 가까운 역으로 기네스북에 올라 있대. 정동진 역은 유명한 드라마에 나오면서 처음 알려지기 시작했고, 지금은 해돋이를 보려고 전국에서 찾아오는 관광 명소가 되었어.

정동진이 인기를 끌기 전부터 사람들이 강릉에서 많이 찾던 곳은 경포 해변이야. 바닷가를 따라 모래사장이 6km나 펼쳐져 있어 해수욕장으로 적합하고, 일출 명소로도 명성이 높지.

해변 바로 안쪽에는 석호인 경포호가 있어. 석호란 모래가 만(육지 쪽으로 움푹 들어가 있는 바다)의 입구를 막아서 만들어진 호수야. 하천에 실려 온 모래가 다시 바닷물을 타고 해안선을 따라 흐르다가 물결이 잔잔한 만 입구에 쌓이면서 바닷물의 출입을 막은 거지. 동해안은 서해안이나 남해안과 달리 해안선이 단조로운데, 이 작용으로 동해안이 더욱 단조로워졌어. 동해안에는 경포호를 비롯해 영랑호, 청초호, 화진포호, 송지호 등 많은 석호가 발달해 있어.

서울에서 동쪽으로 쭉 가면 강릉의 '정동' 쪽 나루에 도착하는 것처럼 남쪽으로 가서 닿게 되는 '정남' 쪽 나루는 전라남도 장흥군에 있어. 장흥에서는 '정남진'을 지역 홍보에 적극 활용하고 있어. '정남진 토요 시장', '정남진 물 축제' 하는 식으로 장흥을 대신하는 이름으로 사용할 정도지.

서울에서 정서 방향으로 끝에 있는 곳은 인천 서구야. 인천에서는 강릉 정동진과 장흥 정남진처럼 정서진을 새로운 명소로 개발하고 있다는군.

동서남북 중 나머지 방향, 북쪽으로 계속 가면 나오는 곳은 중강진이야. 중강진은 한반도에서 가장 춥다고 알려진 곳이야. 1월 평균 기온이 영하 20℃ 가까이 되고, 가장 추울 때는 영하 43.6℃까지 내려간 적도 있대. 그런데 이름에 '진'자가 들어 있다고 다른 세 곳처럼 나루라고 생각하지는 마. 중강진의 '진'은 나루를 뜻하는 진(津)이 아니라 군부대를 뜻하는 진(鎭)이야.

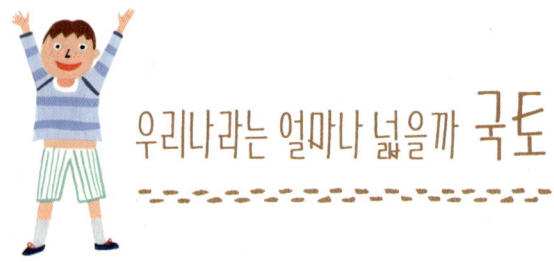

우리나라는 얼마나 넓을까 국토

우리 '국토'라고 하면 어떤 생각이 들어? 혹시 한반도라는 '땅' 모양만 생각하지는 않아?

국토란 좁게는 한 나라의 땅을 뜻하지만 좀 더 넓은 의미로는 '그 나라의 주권이 미치는 공간 전체'를 말해. 국민들의 삶의 터전이자 외부의 침입으로부터 그 국민을 보호하는 생존 공간이라는 의미야. 그러니까 국토에는 땅(영토)뿐만 아니라 바다(영해)와 하늘(영공)까지 포함돼.

먼저 영토는 한반도와 한반도에 딸려 있는 섬들을 포함해. 한반도는 남북 길이가 약 1100km, 동서 길이는 200~300km야. 면적은 22만km^2 정도인데 이 중 남한 면적은 절반이 조금 못 되는 10만km^{2}야.

남한과 북한을 나누는 경계선은 광복 직후 미국과 소련에 의해 설정되었어. 위도 38°를 기준으로 북쪽은 소련군이, 남쪽은 미군이 관할한다는 군사 경계선을 그었는데 그 경계선은 한국 전쟁 후 휴전선이 되었어. 38선은 지금까지 남한과 북한의 국경 아닌 국경의 역할을 하고 있지. 북한과 중국의 국경선인 한반도 경계선은 세종대왕 때 정해졌어.

영해는 해안선으로부터 12해리까지인데 썰물 때의 해안선이 기준이야. 영해의 범위를 정하는 기준이 되는 선을 '기선'이라고 해. '해리'는 바다의 거리를 잴 때 쓰이는 단위로, 1해리가 대략 22km야.

영해는 우리 영토이기 때문에 허락 없이 외국 배가 들어올 수 없어. 각 나라에서 영해를 설정하고 남은 바다는 공해로 두고 있어. 어느 나라의 주권에도 속하지 않는 공공의 바다인 건데, 국제법상 공해에는 모든 배가 자유롭게 다닐 수 있어.

영해와는 다른 개념으로 '배타적 경제 수역'이라는 것이 있어. 그 바다를 끼고 있는 나라에서 모든 경제적 이익을 누릴 수 있는 곳으로, 그 나라에서 어업을 비롯해 모든 자원에 대해 독점권을 갖게 돼. 그 범위는 기선으로부터 200해리까지야.

배타적 경제 수역에서는 경제적인 권리만 가질 뿐 주권이 미치는 영해와는 다르기 때문에 다른 나라 배들도 자유롭게 다닐 수 있어.

단, 그 배들이 물고기를 잡거나 바닷속에서 광물을 캐는 등 경제적 이익을 얻는 활동은 할 수 없어.

영공은 주권이 미치는 하늘의 범위야. 쉽게 영토와 영해의 상공이라고 생각하면 돼. 그럼 어느 높이까지인가 하는 게 문제인데, 대기권 내에 한정된다고 보는 것이 일반적이야. 만일 우주 공간까지 영공에 포함시키면 인공위성을 띄울 수 없게 될 거야. '각 나라의 상공인 우주 공간은 영공에 포함되지 않는다'는 게 국제 사회의 약속이야.

영공에는 다른 나라 비행기가 마음대로 들어올 수 없고, 만일 그럴 경우 침입으로 간주해 격추할 수 있어. 예전에는 영공이 국방을 위해 중시되었는데 점점 교통로로서의 가치가 커지고 있어. 국제선 항공기가 다른 나라의 영공을 지날 때는 그 나라의 관제를 받아야 하고 통행료도 지불해야 하지.

독도는 정말 우리 국토의 막내일까

독도는 우리나라에서 가장 동쪽에 있는 영토야. 동도와 서도 두 개의 섬으로 이루어져 있고 주변에 수십 개의 바위섬이 흩어져 있지. 독도의 행정 구역은 경상북도 울릉군 울릉읍 독도리이고 울릉도에서 동남쪽으로 87km 떨어져 있어. 가장 가까운 육지인 울진 죽변항에서는 약 217km 떨어져 있지.

독도는 흔히 우리 국토의 막내로 불리곤 해. 직경이 300~400m에 불과한 작은 섬인 데다 바다 멀리 홀로 떨어져 있으니 막냇동생을 연상시키는 모양이야. 하지만 섬이 생겨난 시기를 보면 독도는 막내가 아니라 나이가 한참 많은 어르신이야.

독도가 생겨난 건 신생대 3기 말에서 4기 초에 걸친 시기, 즉 460~250만 년 전이야. 울릉도가 생겨난 게 180만~1만 년 전이고, 제주도가 120만 년 전부터 형성되기 시작했으니 한참 앞서 생겨난 거지.

독도는 겉보기에 퍽 아담한 섬이야. 동도가 높이 98.6m에 둘레 2.8km이고 서도가 높이 168.5m에 둘레 2.6km 정도야. 하지만 눈에 보이는 게 다가 아니야.

독도는 바닷속 2000m 아래에서 여러 차례 화산 활동으로 솟아올랐어. 화산체의 대부분이 바닷속에 잠겨 있는데 직경이 24km에 이르는 큰 규모야. 우리가 보는 독도는 그 꼭대기에 해당하는 극히 일부분이고, 그마저도 오랜 세월 파도와 바람에 깎여 나가고 남은 부분이야.

독도는 난류의 영향을 많이 받는 해양성 기후이고, 여름보다 겨울에 강수량이 더 많아. 연중 300일 이상 흐리거나 눈비가 내려 맑은 모습을 보기 힘들다고 해.

독도는 토양이 부족한 데다 거센 바닷바람 때문에 식물이 자라기 힘든 환경이야. 60~70종 정도 되는 식물이 자라는데 나무보다는 풀이 많고 대부분 바위틈에 뿌리를 내리고 있어. 물이 부족하고 소금기

강한 바닷바람 때문에 동물이 살기는 힘든 환경이야.

대신 어족 자원은 풍성해. 북쪽에서 내려오는 한류와 남쪽에서 올라오는 난류가 만나 플랑크톤이 풍부한 어장이 형성되거든. 또 독도는 철새가 이동하는 경로에 있어 다양한 새들이 찾아오고, 섬에는 바다제비·슴새·괭이갈매기가 집단으로 번식하고 있어.

일본이 독도에 다케시마라는 이름까지 붙이고 자기네 땅이라며 억지 주장을 하고 있는 것 알고 있지? 심지어 교과서에까지 독도 영유권을 주장하는 내용을 싣고 있어. 일본은 왜 이렇게 독도를 탐내는 걸까?

만일 독도가 일본 땅이라면 그 주변의 바다가 일본 영해가 되겠지. 그러면 그 바다에 있는 자원도 다 일본 것이 되는 거야. 그런데 독도 근처에는 천연가스가 매장되어 있고 석유도 매장되어 있을 가능성이 있다고 해. 특히 주목할 만한 것은 가스 하이드레이트야. 하이드레이트는 고체 상태로 존재하는 천연가스인데 태울 때 이산화탄소 발생량이 적은 청정 에너지야. 게다가 석유가 매장되어 있음을 알려주는 지시 자원이라고 해. 아직 개발 단계지만 미래 자원으로서 활용될 가능성이 큰데, 동해 바닥에 엄청난 양이 매장되어 있을 거라는군. 일본이 노리는 건 단순히 독도라는 섬이 아니라 그 주변의 엄청난 자원일지도 몰라.

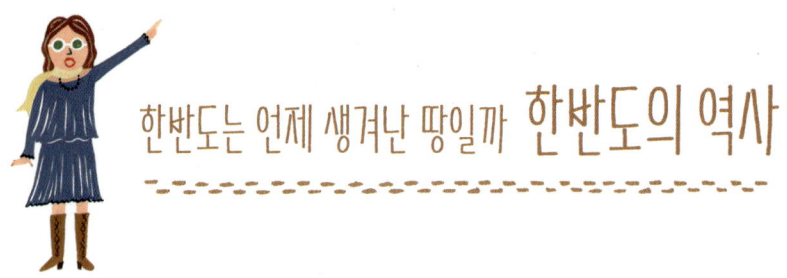

한반도는 언제 생겨난 땅일까 한반도의 역사

　한반도의 나이는 얼마나 됐을까? 그러니까 한반도라는 땅덩어리는 언제 생겨난 것일까?

　지구는 생겨난 지 46억 년 쯤 되었고, 가장 오래된 암석의 연대로 추정해 보건대 지각이 만들어진 것은 38억 년 전쯤이라고 해. 지각은 여러 덩어리로 나뉘어 이동하고 충돌하면서 지금과 같은 대륙의 모습이 되었어. 화산 폭발과 지진도 수시로 일어나 땅 모양이 바뀌었지. 그러다 보니 지구 위의 지형 중에는 오래전에 만들어진 것도 있고 비교적 최근에 만들어진 것도 있어.

　한반도는 그중 꽤 오래된 땅에 속해. 한반도를 구성하는 암석 중 40% 정도가 편마암인데, 이 암석은 지구에 바다가 생기고 처음 만들어진 퇴적암이 지하 깊은 곳에서 열과 압력을 받아 만들어진 거야. 그러니까 한반도에 편마암이 많다는 건 그만큼 오래전에 만들어진 땅이라는 이야기지. 우리나라에서 발견된 가장 오래된 암석은 25억 년 전 것이라고 해.

한반도는 이렇듯 지구 역사 초창기에 육지가 된 뒤에 쭉 안정된 상태를 유지했어. 화산 활동이나 지진 같은 큰 변동 없이, 땅이 깎여 나가는 풍화와 침식만 주로 일어났지.

고생대부터 지구에는 많은 생명체들이 나타나기 시작했어. 한반도의 저지대들은 고생대 초기에 얕은 바다에 잠겨 있었어. 그 안에서 삼엽충을 비롯한 생명체들이 번성했고 조류와 산호 등의 사체가 쌓여 석회암층을 만들었지.

••• 편마암

양치식물이 번성해 울창한 숲을 이루기도 했는데, 이 식물들은 지하 깊은 곳에 묻혀 열과 압력을 받으면 석탄으로 변해. 우리나라에서 석탄이나 석회암 같은 지하자원이 많이 매장되어 있는 강원도는 이때 형성

••• 삼엽충 화석

된 지층인 거야. 강원도에서는 삼엽충 화석도 많이 발견되잖아.

중생대는 고생대와 달리 화산 활동이 활발한 불의 시대였어. 땅의 중심이 흔들리면서 지각에 금이 가고 지층이 내려앉거나 올라가거나 휘어지는 등 일대 격변이 일어난 시기이지. 그런데 한반도처럼 오랜 세월 안정되어 있던 땅덩어리는 충격을 받으면 잘 쪼개지는 성질이 있어. 이때 땅이 갈라진 틈을 따라 물이 흐르기 시작했고, 오랜 세월 물이 흐르면서 땅이 더욱 깊게 파였어. 이 과정에서 깎여 나간 홈과 홈 사이로 침식을 덜 받은 부분이 지금 우리가 보는 산맥들이야. 설악산, 북한산, 월출산 등 우리나라 바위산에서 흔히 볼 수 있는 화강암도 중생대에 만들어진 거야.

화산 분출은 지하에서 이동하던 마그마가 지각의 약한 틈을 뚫고 나오는 거야. 그런데 이 마그마가 밖으로 나오지 못하고 땅속에서 그대로 식기도 해. 땅속에서 식은 마그마가 오랫동안 열과 압력을 받은 것이 화강암이야.

비와 바람에 지표가 깎여 나가자 깊은 땅속에 있던 화강암이 겉으로 드러났고, 다시 비와 바람의 공격을 받아 금이 가고 쪼개지면서 지금과 같은 모습을 이루게 되었어.

중생대는 한반도에 공룡들이 번성했던 시대이기도 해. 세계적으로 인기를 끈 영화 때문에 '공룡'이라고 하면 흔히 '쥐라기'를 생각하지만, 우리나라에서 공룡이 살았던 시대는 '백악기'야. 그러니까 한반도에서는 '백악기 공원'이 맞는 말이라고나 할까.

    당시 살았던 공룡의 흔적이 곳곳에서 발견되고 있는데 골격 화석보다는 주로 발자국 화석이야. 경남 고성군 덕명리, 진주시 유수리, 하동군 수문리, 함안군 외암리, 경북 의성군 금성면 일대, 울산시 천전리, 부산 태종대, 전남 해남군 우항리 등이 대표적인 화석 산지야. 발자국이 100개 이상 집단으로 남은 곳도 많아. 또 경기도 화성시의 시화호 남쪽에서는 공룡 알 200여 개가 발견되기도 했어.

    중생대 이후 한반도는 다시 안정을 찾았고 오랜 세월 침식 작용을 거쳤지. 그러다 2300만 년 전 다시 지각 변동이 일어났어. 지구를 구성하는 여러 지각 중 태평양판과 유라시아판이 충돌을 한 거야. 그 충격으로 유라시아 동쪽의 일부가 떨어져 나갔고, 그 사이로 깊게 내려앉은 땅에 바닷물이 들어와 동해가 생겨났지. 이때 떨어져 나간 땅이 지금의 일본이야. 그리고 동해 바닥이 확장되자 그 힘에 밀려 한반도가 융기했는데, 동쪽이 훨씬 더 많이 솟아올라서 동고서저 지형이 만

들어졌어.

신생대 제4기에는 여러 차례 빙하가 찾아왔어. 빙하기에는 해수면이 낮아지고 간빙기에는 높아지는 일이 반복되었고 이에 따라 하천도 침식과 퇴적을 반복했어. 하천은 해수면이 낮아지면 바닥을 깎아 내려가는 힘이 커지고 해수면이 높아지면 반대로 퇴적 작용이 활발해지거든.

서해안과 남해안의 해안선이 복잡해진 것도 이런 해수면 변화 때문이야. 빙하기가 끝나고 해수면이 높아지자 바다 쪽으로 뻗어 있던 산줄기 사이사이 물이 차면서 복잡한 해안선이 만들어진 거지.

지질 시대

지구에 지각이 만들어지고 기후 변화가 생긴 것은 40억~38억 년 전부터야. 지구의 역사는 크게 지각이 생기기 전과 후로 나뉘는데, 지각이 생긴 이후의 역사는 화석이나 지질 변화를 근거로 구분할 수 있기 때문에 '지질 시대'라고 해.

지층이나 화석을 연구하면 생물계의 큰 변화를 알아낼 수 있어. 그리고 이 변화를 경계로 지질 시대를 몇 개의 단위로 구분하고 있어. 크게 선캄브리아대·고생대·중생대·신생대 네 시대로 나누고, 다시 더 작은 단위인 세·기로 나눌 수 있어.

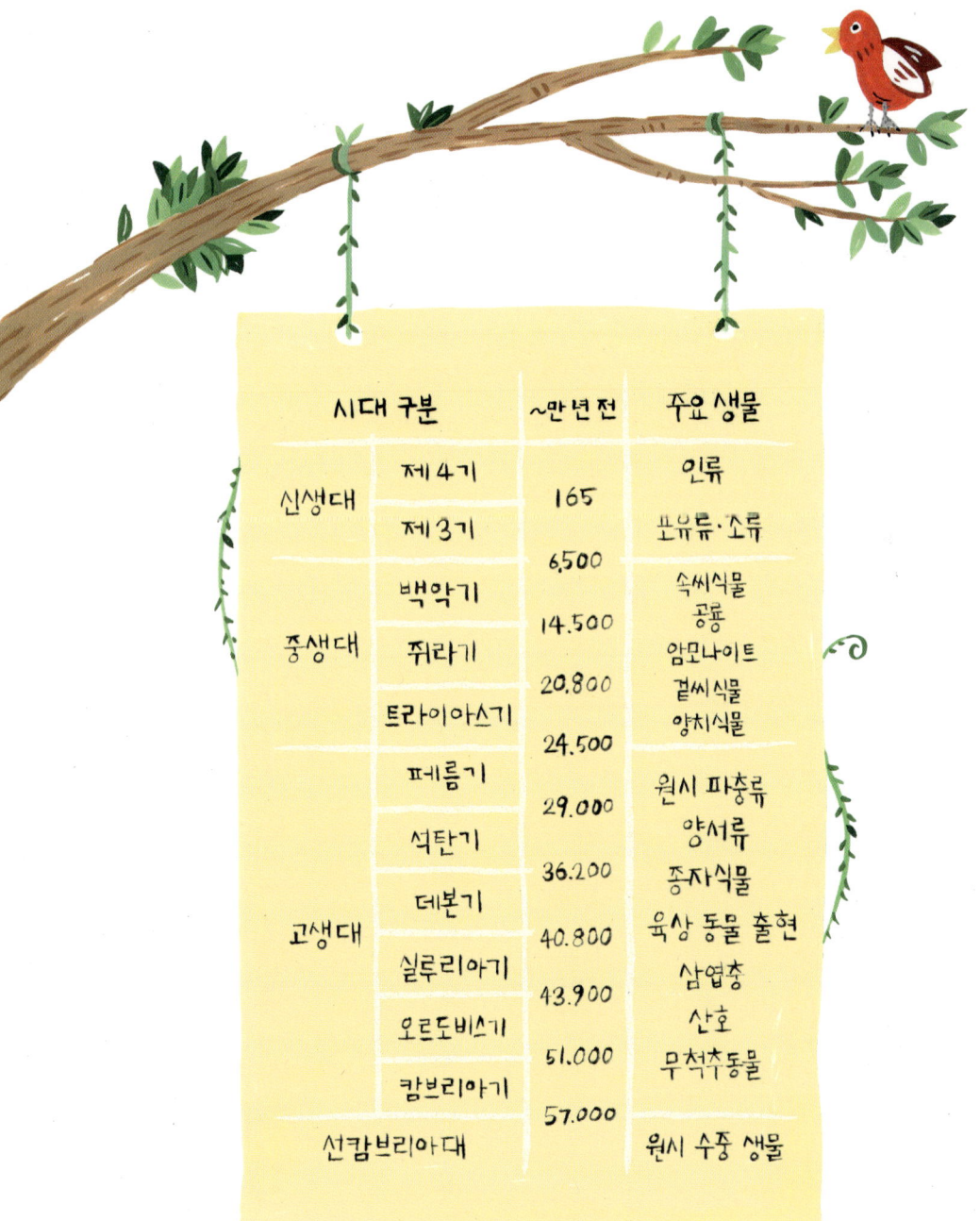

시대 구분		~만 년 전	주요 생물
신생대	제4기	165	인류
	제3기	6,500	포유류·조류
중생대	백악기	14,500	속씨식물 공룡
	쥐라기	20,800	암모나이트 겉씨식물
	트라이아스기	24,500	양치식물
고생대	페름기	29,000	원시 파충류
	석탄기	36,200	양서류 종자식물
	데본기	40,800	육상 동물 출현
	실루리아기	43,900	삼엽충
	오르도비스기	51,000	산호 무척추동물
	캄브리아기	57,000	
선캄브리아대			원시 수중 생물

고성 덕명리에는 왜 공룡 발자국이 많을까

중생대 백악기에 한반도는 공룡 왕국이었어. 그 흔적이 곳곳에 발자국 화석으로 남아 있지. 그중에서도 경상남도 고성군 덕명리 해안은 세계적으로 인정받는 공룡 화석 산지야. 발자국 수가 많고 형태도 선명하게 잘 보존되어 있어서 학술적 가치가 높거든. 세 개의 발가락 끝에 날카로운 발톱 자국이 있는 수각류, 발가락 끝이 뭉툭하고 뒤꿈치가 넓고 둥근 조각류, 네 발로 걸어 다닌 용각류 등 발자국을 남긴 공룡 종류도 다양해.

덕명리 해안에서도 공룡 발자국을 잘 관찰할 수 있는 곳은 상족암 일대야. 바위가 시루떡처럼 켜켜이 쌓여 있는 해안 절벽인데, 절벽 아래쪽에 다양한 크기의 해식 동굴이 뚫려 있어서 바다 쪽에서 보면 거대한 밥상 다리처럼 생겼어. 그래서 이름이 밥상 다리(床足) 바위(岩)야.

이 절벽 앞 평평한 바위 위에 웅덩이처럼 패인 자국들이 있는데, 이 자국들은 지름 35cm 안팎으로 크기와 모양이 비슷한 것끼리 일정한 간격으로 열을 지어 있어. 단순히 발자국만 찍힌 게 아니라 길게 걸어간 흔적이 남은 건데, 이를 통해 공룡의 걸음걸이, 행동 습성 등을 짐작할 수 있어. 공룡이 꼬리를 바닥에 끌지 않고 들고 다녔다는 사실도 이곳에서 발견된 발자국을 보고 알아낸 거야. 길게 걸어간 흔적인데도 발자국 사이에 꼬리가 끌린 흔적이 없거든.

공룡 발자국이 발견되는 곳을 보면 경상도 지역이 특히 많은데, 이유가 뭘까? 당시 이곳은 어떤 모습이었을까?

공룡이 출현했던 1억 2000만 년 전 경상도와 남해안 일대에는 거대한 호수들이 많았어. 지각 변동으로 곳곳의 지반이 내려앉으면서 움푹 파인 땅들이 많이 생겼고 이곳에 물이 흘러들어 호수를 이룬 거야. 호수 주변에는 많은 못과 늪지대가 생겨났고, 자갈·모래·흙 등이 쌓여 두꺼운 퇴적층을 형성했어. 지금의 경상도 지역은 이 호수에 흘러든 퇴적물로 형성된 땅인데 퇴적물의 두께가 10km에 이를 만큼 규모가 거대하지.

이 호숫가는 공룡들이

살기 좋은 조건이었어. 나무고사리와 소철, 송백류, 늪지대와 호수 바닥의 연한 풀은 초식 공룡의 먹이가 되었고, 초식 공룡을 사냥하는 육식 공룡도 번성했지. 호숫가여서 마실 물도 풍부했고 말이야.

그런데 공룡 발자국은 어떻게 해서 화석으로 남은 걸까?

토사가 퇴적되어 적당히 굳은 땅을 거대한 공룡이 걸어가면 발자국이 제법 선명하게 찍힐 거야. 그 후 건기가 지속되면 그대로 굳어질 테지. 그 위에 다시 진흙과 모래가 쌓여 두꺼운 퇴적층을 이루고, 이것이 지층 아래에서 굳어져 화석이 된 거야. 이 화석이 지각 변동과 함께 솟아오른 후 바닷물에 씻겨 우리 앞에 모습을 드러낸 것이지.

●●● 상족암(경남 고성)

●●● 공룡 발자국(경남 고성)

김치 맛은 왜 지역에 따라 다를까 기후

냉대 기후

평균 기온 -3℃

온대 기후

　북반구 중위도에 위치한 우리나라는 온대 기후와 냉대 기후가 함께 나타나.
　온대, 냉대 같은 말은 쾨펜의 기후 구분법에 의한 거야. 가장 추운 달의 평균 기온이 영하 3℃를 넘으면 온대, 이보다 낮으면 냉대로 구분해. 이 기준에 따라 한반도에 구분선을 그어 보면 남부 지방은 온대, 중북부 지방은 냉대에 속하지.
　우리나라의 연평균 기온은 10~16℃이고 가장 무더운 8월에는 23~27℃, 가장 추운 1월에는 영하 6~7℃ 정도야(1971~2000년).

또 지역에 따라 기온 차이가 심한 편인데, 남부와 북부 사이에 차이가 크고 겨울에 차이가 더 심하게 나타나.

연교차는 서귀포가 가장 작고 북으로 갈수록 커지다 중강진에서 가장 크게 나타나. 연교차란 1년중 가장 추운 달과 더운 달의 평균 기온의 차이를 말해.

강수량은 계절에 따라, 지역에 따라 차이가 심한 편이야.

먼저 연 강수량을 보면 중부가 1100~1400mm, 남부는 1000~1800mm야. 제주도는 1500~1900mm로 가장 비가 많이 내리는 곳이야.

우리나라 강수의 특징 중 하나가 여름에 집중해서 내린다는 거야. 연 강수량의 50~60%가 여름철(6~8월)에 집중되어 있고 겨울철(12~2월)에는 연 강수량의 15%도 내리지 않아. 여름철 강수량이 많은 건 장마와 태풍으로 인한 집중 호우 때문이야. 장마철에는 짧은 시간 동안 비가 좁은 지역에 집중적으로 쏟아져.

장마는 6월 하순에서 7월 하순에 걸쳐 나타나는데 이 시기에는 지속적으로 흐리고 비가 내리는 날이 이어져. 태풍은 북태평양 서쪽 해양에서 한 해에 27개 정도 발생하고 그중 2~3개가 우리나라에 영향을 미치곤 해.

강수량은 지형의 영향을 받기도 해. 비는 공기 중의 수증기가 하늘 높이 올라가 식으면서 물방울로 바뀌어 내리는 거야. 공기가 상승할 수 있는 조건이 되면 비가 내린다는 건데, 그 조건 중 하나가 높은 산을 만나는 거야. 공기가 산을 만나면 그 사면을 따라 상승하게 되고, 점점 온도가 낮아져 공기 중의 수증기가 물방울로 바뀌게 돼. 이렇게 지형의 영향으로 비가 내리는 걸 '지형성 강수'라고 해.

이때 공기가 사면을 타고 올라가는 쪽은 비가 많이 내리지만, 반대편으로는 건조한 바람이 불게 돼. 이것을 '푄 현상'이라고 하지.

제주 남동부, 지리산 일대, 태백 산지에 가로막힌 한강 중·상류 지역은 지형성 강수가 내리는 대표적인 곳들이야.

우리나라는 계절풍의 영향으로, 계절에 따른 기후 차이가 큰 편이야. 여름에는 고온다습하고 겨울에는 한랭건조해.

'계절풍'이란 여름과 겨울에 바람의 방향이 바뀌는 것으로, 여름에는 바다에서 육지로 바람이 불고 겨울에는 육지에서 바다로 바람이 불어. 우리나라는 여름에 태평양에서 대륙 쪽으로 남동풍이 불고, 겨울에 시베리아 쪽에서 북서풍이 불어오지.

여름철 태평양에서 불어오는 남동풍은 수증기를 많이 포함하고 있어서 습하고 더워. 겨울철 기후에 영향을 미치는 것은 '시베리아 기단'이야. 기단이란 수평 방향으로 거의 같은 성질을 가진 공기 덩어리가 넓은 지역에 걸쳐 있는 거야. 시베리아 기단은 겨울철에 시베리아 평원이 차갑게 식을 때 그 영향으로 형성된 한랭건조한 공기 덩어리로, 세계에서 가장 강력한 기단으로 꼽혀.

시베리아 기단은 주기적으로 강해졌다 약해지기를 반복하고, 그 영향을 받는 우리나라에서는 추운 날씨와 따뜻한 날씨가 주기적으로 되풀이돼. 대체로 3일은 춥고 4일은 날이 풀린다고 해서 '삼한 사온'이라고 불러. 우리나라 겨울 날씨의 특징이지. 그런데 최근에는 기후변화로 삼한 사온 현상을 보기 힘들어졌어.

꽃샘추위라고 해서 겨울이 끝나고 봄이 올 무렵 한 번씩 날이 다시 추워지는 현상이 있잖아. 이것도 물러나던 시베리아 기단이 일시적으로 세력이 커지면서 나타나는 현상이야.

기후는 사람들 생활에 큰 영향을 미쳐. 서로 기후가 다른 곳은 키우는 작물이 다를 테니 먹는 음식이 달라지고, 당연히 옷차림도 서로 다르겠지? 가옥 형태도 추운 곳이냐 더운 곳이냐 하는 기후 조건에 따라 다르고 말이야.

한반도는 남북으로 긴 땅이라 남부 지방과 북부 지방의 기후가 제법 다른데, 음식이나 가옥 구조 등을 보면 그 차이가 나타나.

먼저 가옥을 보면, 남부에서는 더위를 피할 수 있도록 바람이 잘 통하게 집을 지어. 남부 지방 가옥을 살펴보면 방과 방이 마당을 바라보며 옆으로 나란히 놓여 있고 대청마루가 시원하게 놓여 있지.

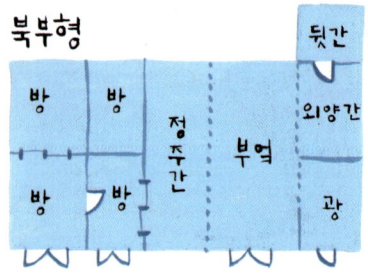

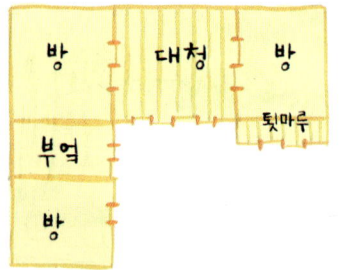

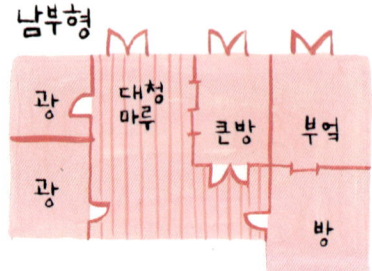

••• 지역별 가옥 구조

북부에서는 추위를 막는 데 주안점을 두었어. 벽을 두껍게 올리고 지붕은 낮게 해. 바람이 많이 들어오지 않게 창문은 작게 내지. 추위가 아주 심한 곳에서는 사람이 머무는 방, 물건을 저장하는 곳, 가축 기르는 곳 등을 모두 한 공간에 넣어 밖으로 나가지 않고 생활할 수 있게 만들기도 해.

북부와 남부의 차이는 김치에서도 나타나. 북부 지방 김치는 국물이 많고 싱거운 데 비해 남부 지방 김치는 국물이 별로 없고 맵고 짠 편이야. 북부는 겨울이 길고 추워서 김치가 잘 상하지 않지만 남부는 날씨가 따뜻하고 여름이 길어 쉬 상하기 때문에 간을 세게 하는 거야.

대구는 왜 그렇게 더울까

대구는 우리나라에서 가장 더운 도시야. 여름철 폭염에 관한 뉴스가 나올 때면 어김없이 대구가 등장하곤 하지. 해마다 여름철 최고 기온을 기록한 지역이 달라지는 경우는 있지만, 30년간의 평균치를 바탕으로 하는 기후 자료에 의하면 대구가 가장 더운 곳이야. 1942년 8월에는 최고 기온 40℃를 기록하기도 했지.

대구는 다른 지역보다 비가 적고 여름과 겨울의 기온 차이가 커. 대구의 이런 기후 특성은 산으로 둘러싸인 '분지'이기 때문이야. 분지는 해발 고도가 더 높은 땅으로 둘러싸인 곳을 말해. 대구는 북쪽으로 팔공산 줄기가, 남쪽으로 대덕산과 비슬산이 둘러싸고 있고, 동서로 완만한 구릉에 시가지가 들어서 있어.

여름철 습기를 머금은 남동풍은 산줄기에 부딪쳐 많은 비를 뿌린 뒤 건조하고 뜨거운 상태가 되어 대구로 불어와. 그 공기는 분지 안에서 더 더워지는데, 주변을 둘러싼 산들 때문에 밖으로 빠져나가지 못하니 더울 수밖에.

대구의 더위에는 지형적 요인과 함께 대도시라서 나타나는 문제도 있어. 대구는 영남을 대표하는 인구 250만의 대도시로 서울, 부산과 함께 우리나라의 3대 도시로 꼽혀.

여느 대도시들처럼 대구에도 고층 건물, 공장, 자동차 등으로 인해 생겨나는 인공 열이 많고, 이로 인한 '열섬 현상'이 나타나고 있어. 이는 대구의 더위를 가중시키는 요인이야.

대구에서는 가장 더운 도시라는 별명에서 벗어나려고 여러 노력을 펼치고 있어. 지형 때문에 나타나는 현상은 어쩔 수 없지만 도시화로 인한 인공열 발생은 줄일 수 있을 거야. 녹지가 많을수록 기온이 낮아진다는 사실도 적용할 만해. 도심에 나무를 심고 공원을 만드는 등 녹지를 늘리기 위한 끊임없는 노력이 도심의 기온을 낮추는 데 조금이나마 도움이 되고 있어.

열섬 현상

도심의 기온이 주변 지역보다 유난히 높은 현상을 열섬이라고 해. 도시를 뒤덮고 있는 아스팔트는 열을 잘 흡수하는 성질이 있어. 빽빽한 건물들 때문에 바람이 잘 통하지 않고, 공기가 순환하지 못하니 오염 물질이 계속 쌓이면서 기온을 상승시키는 거야. 겨울철 난방열과 여름철 에어컨에서 방출되는 인공 열도 도심 기온을 올려. 게다가 녹지가 부족하면 기온이 더욱 올라가지. 이렇게 인공 열로 인한 기온 상승은 도심일수록 심해서, 기온이 같은 지역끼리 연결하는 등온선을 그리면 도심 부분이 바다에 떠 있는 섬처럼 보여.

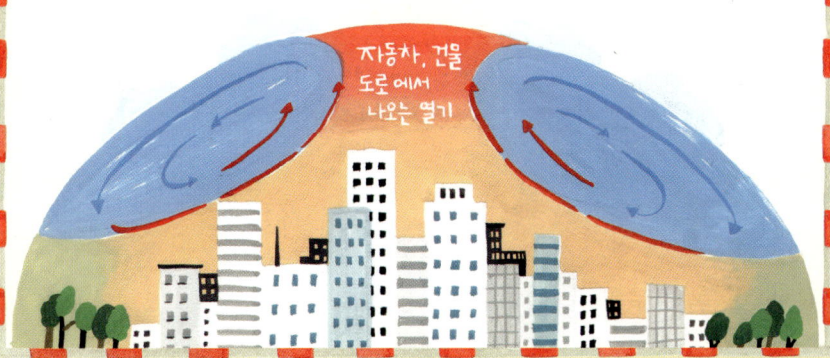

우리가 살고 있는 땅 두루 살피기 **041**

팔도강산이라는 말은 언제부터 썼을까 행정 구역

우리나라를 일컫는 말로 팔도강산이라는 것이 있어. 행정 구역이 8개 도로 구성되어 있기 때문인데 그 시작은 조선 태종 때 전국을 8도로 나누면서부터야. 1896년 전국을 13도로 개편하고 경기도와 강원도, 황해도 외의 지역을 남·북으로 나누는 변화가 있기는 했지만 8도를 기본으로 한 것은 그대로야.

그런데 경기, 강원, 충청 같은 각 도의 이름은 어떻게 지었을까?

경기도에서 '경(京)'은 한양(도읍지), '기(畿)'는 한양 근처의 땅을 뜻하는 글자야. '경기'는 도읍을 보호하기 위해 설정한 외곽 지역으로, 도읍지 주변 사방 500리 이내의 땅을 말해.

강원도, 충청도 같은 이름은 지역을 대표하는 고을 이름의 첫 글자를 따서 만들었어.

강원도는 영동 지방의 강릉과 영서 지방의 원주에서 따온 이름이야. 지금은 강원도청이 춘천에 있지만 조선 초기부터 강원도에서 가장 큰 도시는 원주였어.

강원도는 설악산, 오대산, 계방산, 가리왕산, 함백산, 태백산 등 해발 1500m가 넘는 산들이 즐비한 산악 지대야. 산이 많다 보니 농경지가 적고 교통이 불편해 인구도 적었어. 그러다 지하자원이 개발되면서 1960~1980년대에 인구도 늘고 도시가 성장했다가, 광산들이 문을 닫으면서 침체에 빠지기도 했어. 지금은 주어진 자연 환경을 이용해 관광 명소로 탈바꿈하고 있어.

충청도는 충주와 청주에서 한 글자씩 따왔어. 충청도를 호수 서쪽에 있다는 뜻으로 호서 지방이라고 하는데, 여기서 호수는 제천 의림지를 말한다고 해. 충청 지역은 수도권과 가깝고 전라도, 경상도로 이동하기 좋다는 지리적 이점 덕분에 수도권의 인구와 산업을 분산시킬 지역으로 주목받고 있어. 새로운 행정 중심지로 건설된 '세종특별자치시'도 그런 지역 중 하나야.

전라도는 전주와 나주가 합쳐진 말이야. 전주는 조선 시대 도청에 해당하는 감영이 있던 곳이야. 지금도 시내에 남아 있는 풍남문은 전주 읍성의 남문이었지. 전라도를 호수의 남쪽 지방이라는 뜻에서 호남이라고 하는데, 여기서 말하는 호수는 금강이라는 말도 있고 벽골제라는 말도 있어. 예전에는 금강에 커다란 물웅덩이들이 많아서 호수라고 불리기도 했다나. 벽골제는 가장 오래된 농업 시설로, 호남평야 일대가 일찍부터 우리나라 농경 문화의 중심지였음을 알려 주지.

경상도는 경주와 상주에서 비롯된 이름이야. 경상도에는 대가야의 고령, 금관가야의 김해 등 가야 문화의 흔적이 뚜렷하고 무엇보다 신라의 도읍지였던 경주가 있어.

경상도를 달리 부르는 이름인 영남은 새재(조령) 남쪽이라는 뜻이야. 새재는 서울과 경상도 지역을 잇는 큰길에 있던 고개로, 나라에서도 특히 큰 관문으로 여겼던 곳이지.

제주도는 본디 탐라국이라는 별개의 나라였다가 고려 말 한반도에 편입된 뒤 줄곧 전라도에 속해 있었어. 그러니까 조선 초기에 만든 8도에는 제주도가 없어. 제주도는 1946년 별도의 '도'로 분리되었고 2006년 특별자치도로 승격되었어.

현재 남한의 행정 구역은 크게 경기도·강원도·충청북도·충청남도·전라북도·전라남도·경상북도·경상남도·제주도의 9개 '도'와 부산·인천·대전·광주·대구·울산의 6대 '광역시', 서울'특별시', 세종 '특별자치시'로 구성되어 있어.

지금 북한에 속한 황해도는 황주와 해주, 함경도는 함흥과 경성,

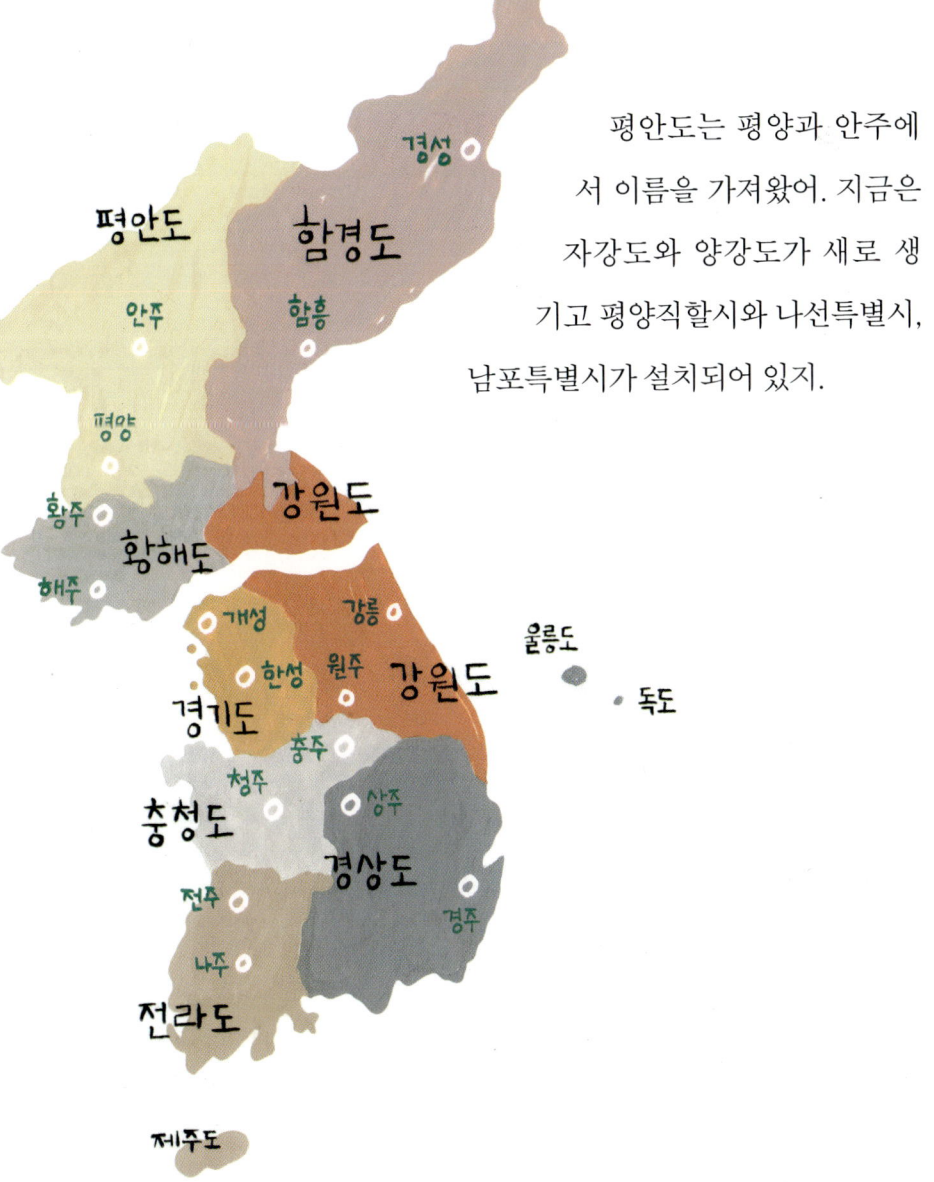

평안도는 평양과 안주에서 이름을 가져왔어. 지금은 자강도와 양강도가 새로 생기고 평양직할시와 나선특별시, 남포특별시가 설치되어 있지.

울쑥불쑥 산 넘어 찾아가기

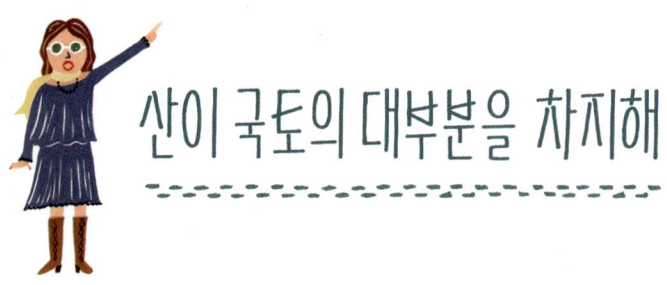

산이 국토의 대부분을 차지해

우리나라에서는 어디를 가든 산을 볼 수 있어. 철길과 도로는 산 사이를 달리고, 어느 마을이든 뒷산 없는 곳이 드물어. 섬에 가더라도 산 없이 평평한 곳을 보기 힘들지.

서울 같은 큰 도시에서도 눈만 돌리면 산을 볼 수 있잖아. 아니, 웬만한 도시는 산으로 둘러싸여 있다는 게 더 정확한 표현일 거야. 서울뿐 아니라 대구·청주·춘천·원주·충주·남원 등의 도시들은 산지에 둘러싸인 분지에 자리 잡고 있지. 우리 국토의 2/3 정도가 산지로 되어 있으니 산악 국가라는 말이 무색하지 않을 정도야.

산이 많기는 한데 높이는 어떨까? 한반도에서 가장 높은 산은 해발 2744m의 백두산이야. 남한에서 가장 높은 산인 한라산은

1950m, 내륙에서 가장 높은 지리산은 1915m이지. 북한 지역에 있는 몇몇 산을 빼고는 2000m를 넘는 산이 없어. 계룡산(845m), 월출산(809m), 북한산(837m), 주왕산(721m) 등 명산으로 꼽히는 산들도 1000m가 넘지 않는 경우가 많아. 전국이 산으로 둘러싸여 있기는 한데 아주 높고 험한 산은 없는 거야.

그나마 높은 산들은 남북 방향으로 뻗은 태백산맥 줄기를 따라 한반도 동쪽에 몰려 있고, 서쪽에는 산인 듯 언덕인 듯 나직한 산들이 대부분이야. 특히 충청남도는 평균 해발 높이가 100m가 안 될 정도로 나직한 지형이야. 이런 곳을 '산도 아니고 들도 아니다'라고 표현하기도 하지.

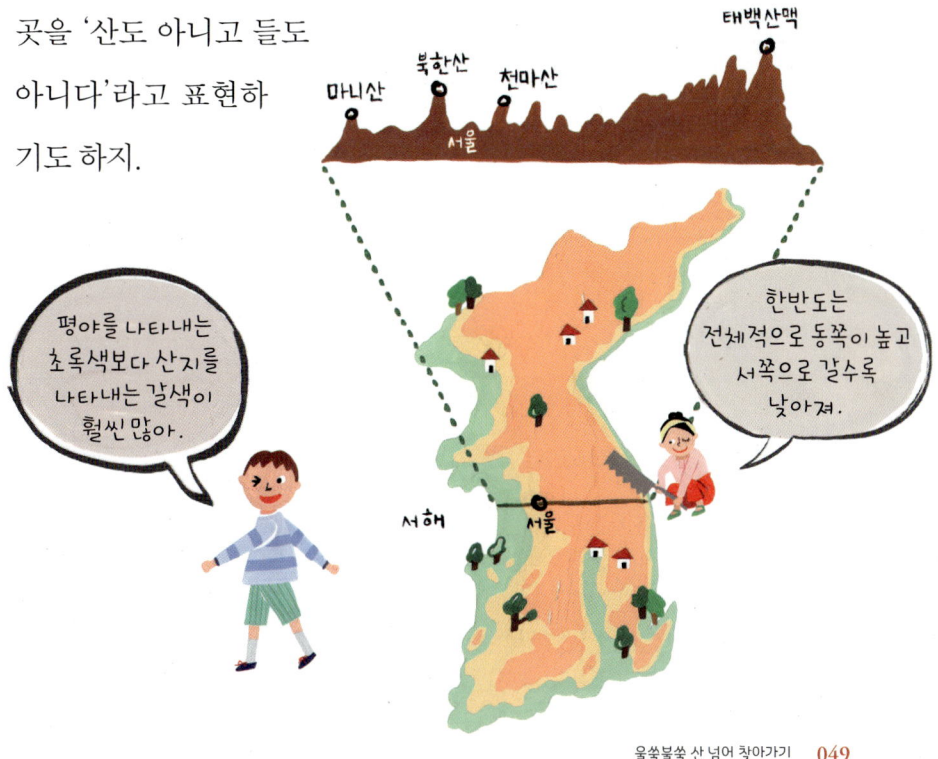

우리나라 산들이 낮고 완만한 건 오래된 땅이라서 그래.

땅도 사람처럼 새로 생겨나서 나이를 먹고 늙는 과정을 거쳐. 산은 막 태어났을 때 가장 크고, 세월이 지날수록 비바람에 깎이면서 낮아져. 그러다 나이가 아주 많아지면 납작해지지.

한반도는 오래전에 만들어진 뒤 긴 세월 동안 풍화와 침식을 받아 평탄해졌어. 그러다가 지각 운동이 일어나 땅이 솟아오르자 평탄한 곳이 그대로 정상부가 되었어. 이렇게 산 위가 평지처럼 평탄한 곳을 '고위 평탄면'이라고 해.

강원도 대관령은 대표적인 고위 평탄면이야. 저 아래 동해가 내려다보이는 고지대인 대관령에서 목장을 할 수 있는 건 평탄한 지형 덕분이지.

역사 속에 병자호란의 현장으로 등장하는 남한산성도 고위 평탄면이야. 남한산성에 가 보면 밖에서는 가파른 비탈을 올라가야 하지만 막상 성 안에서는 평지를 다니는 느낌이 들 거야.

땅이 평평하면 농사짓기에 좋아. 그런데 높은 곳이니 기후는 서늘하겠지? 고위 평탄면 지역에서는 이런 자연 조건을 이용해서 고랭지 채소를 재배하거나 목장 등으로 활용하고 있어.

높은 산 위의 평평한 땅 대관령

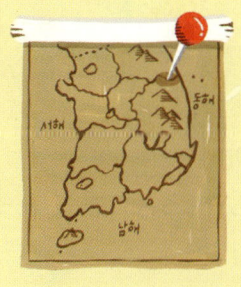

굽이굽이 가파른 길을 따라 올라갔는데, 산 위에 너른 평야가 펼쳐진다면 어떨까?

운동장을 만들어도 괜찮을 만큼 평평해 보이는 땅에 초원은 하늘과 맞닿아 있고, 거칠 것이 없으니 바람은 꽤 세게 불어와. 대관령은 이런 색다른 분위기를 보여 주는 곳이야.

대관령 일대는 목장으로 이용되고 있어. 평탄한 땅이면 농사짓기에 좋을 텐데 왜 목장으로 개발된 것일까?

우선 높은 곳에 있다 보니 공기가 서늘해. 해발 고도가 높아질수록 기온은 내려가잖아. 그리고 대관령은 지형의 영향으로 습도가 높은 편이야. 기온이 낮으니까 저지대에 비해 수증기 증발량이 적고, 동쪽으로 바다가 가까이 있다 보니 습한 공기가 산지와 부딪쳐 안개가 자주 발생해. 겨울에는 눈이 많이 내리는데 기온이 낮으니 잘 녹지 않아. 땅에 오랫동안 물기를 머금을 수 있어서 건조한 봄철에도 식물이 자라는 데 유리하지.

  이런 환경에서는 저지대에서 흔히 재배하는 작물이 자라기는 어렵지만 목초를 키우는 데는 안성맞춤이야. 소들이 여유롭게 풀을 뜯는 대관령 풍경은 이런 조건들 때문에 가능했던 거지. 또 기온이 낮으니까 낙농 제품을 신선하게 보관할 수 있고 전염병이 잘 발생하지 않는 것도 좋은 조건이야.

  대관령에 목축업이 발달하는 데에는 교통 발달도 한몫했어. 아무리 신선한 우유를 생산해도 교통이 불편하면 신속하게 내다 팔 수 없잖아. 그런데 1970년대 초반 영동 고속 도로가 개통되면서 가장 큰 시장인 서울까지 유제품을 운반하기 쉬워진 거지.

대관령 일대에서 목장과 함께 눈길을 끄는 것은 드넓은 배추밭이야. 배추는 평균 기온이 23~25℃를 넘으면 뿌리가 썩기 때문에 여름철에 재배하기 어려워. 그래서 배추는 보통 가을철에 심지. 그런데 서늘한 고지대에서는 여름에도 배추를 키울 수 있고, 다른 지역과 출하 시기가 다르니까 가격을 높게 받을 수 있어. 고지대에서 재배하는 배추는 병충해 발생이 적고 무엇보다 맛이 좋다는군.

••• 고랭지 배추밭

산줄기 사이로 길을 이어 주는 고개들

　대관령은 영동 고속 도로가 개통되기 전부터 서울과 동해안 지역을 이어 주는 큰 고개였어. 강원도는 대관령을 중심으로 동쪽을 영동, 서쪽을 영서로 구분하는데 기후를 비롯한 자연 환경이 서로 다르고, 그로 인해 생활 모습도 많이 다르게 나타나.

　우선 기후부터 살펴보자. 일기 예보에서 강원도 지역을 이야기할 때 영서와 영동을 구분하는 것을 들어 본 적이 있지?

　영서는 고도가 높은 내륙이라 가을에 땅이 빨리 식기 때문에 추위가 일찍 찾아오고 한겨울에 꽤 추워. 영동은 바다의 영향을 받아 비교적 온화한 편이야. 동해는 수심이 깊은 바다라 쉽게 차가워지지 않는데다 난류가 흘러서 강릉을 비롯한 바닷가 지역은 온난한 날씨를 보

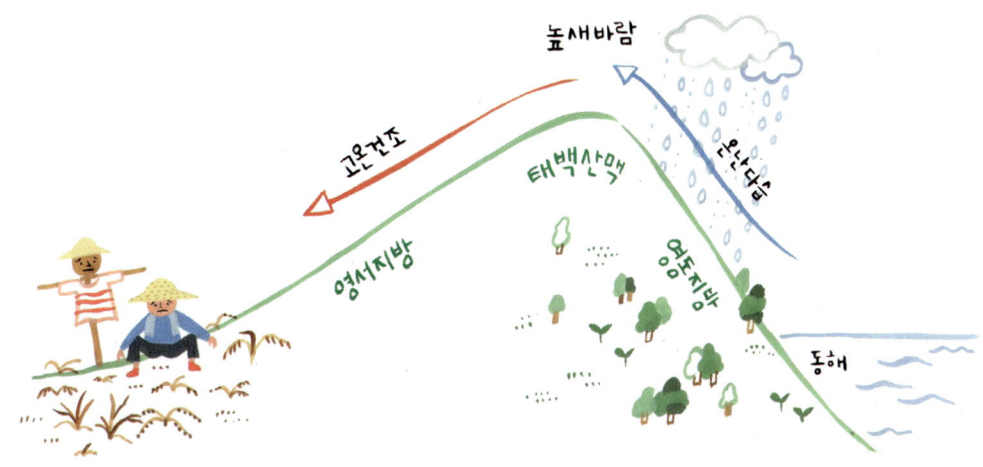

이지. 강릉은 서울과 같은 위도에 있지만 더 따뜻해. 서울에 없는 대나무를 강릉에서는 볼 수 있을 정도야.

겨울철 차가운 북서풍이 태백산맥에 부딪쳐 '푄 현상'을 일으키는 것도 영동 지방을 온난하게 만드는 원인 중 하나야. 푄 현상은 습윤한 공기가 산을 넘으면서 고온 건조한 바람으로 바뀌는 현상이야. 그런데 봄이 되면 바람 방향이 바뀌어서 영서 지방이 피해를 입게 돼. 고온 건조한 바람 때문에 농작물이 말라 죽는 거지.

큰 산에 가로막혀 두 쪽 지역의 기후가 달라지는 현상은 지리산에서도 볼 수 있어.

지리산은 주능선이 동서 방향으로 뻗어 있어서 남쪽과 북쪽의 기후가 달라. 겨울철에 주능선이 차가운 북서풍을 막아 주기 때문에 산 북쪽은 영하로 내려가도 남쪽은 영상인 경우가 많아. 비는 남쪽이 더 많이 내리는데 지리산 남쪽은 연 강수량이 1600~1800mm로 우리나라의 다우지 중 하나야. 여름철 바다 쪽에서 불어오는 습윤한 바람이 산줄기에 막혀 남쪽에 비를 쏟아 내는 거지. 지리산 북쪽은 여름철에 비가 적은 대신 겨울에 눈이 많이 내리고 봄까지 녹지 않는 경우가 많아. 덕분에 봄철 가뭄은 덜한 편이야.

큰 산줄기를 사이에 두고 기후가 달라지면 식생도 달라지고, 그 자연에서 생활하는 사람들의 모습도 달라져. 더구나 큰 산에 가로막혀 서로 왕래가 힘들다 보니 시간이 갈수록 그 차이는 더 커지게 되지. 결국 산줄기가 지역과 지역을 나누는 역할을 하는 건데, 실제 우리나라의 행정 구역 구분선을 보면 산줄기와 일치하는 경우가 많아.

산을 사이에 둔 양쪽 지역을 연결해 주는 것은 고개야. 고개는 우리말로 '재'이고, 한자로는 '령(嶺)'이라고 해.

우리나라는 사방에 산줄기가 뻗어 있으니 길을 내다 보면 반드시 고개를 넘어야 했고, 이 고개들은 옛날부터 중요한 교통로이자 군사 요충지로 이용되었어.

대관령은 서울과 강원도 동해안 지역을 연결하는 통로였고, 죽령, 추풍령, 문경 새재 같은 고개는 경상도와 서울을 연결하는 통로였지.

죽령은 신라가 한강 유역으로 진출하기 위해 처음 개척된 곳이야. 백두 대간에 가로막혀 한강으로 진출하기 힘들었던 신라가 영주와 단양 사이 낮은 지형을 찾아내 군사 도로로 개척한 거지. 신라군은 죽령을 넘어 단양까지 진출했고, 한강 유역을 차지한 덕에 삼국 통일의 기반을 갖출 수 있었어.

문경 새재는 조선 시대 경상도와 서울을 잇는 여러 고갯길 중 가장 큰길이었어. 하지만 경부선 철도나 경부 고속 도로는 추풍령을 지나도록 길이 났어. 사람이 걸어서 다닐 때와 달리 차로를 낼 때는 문경 새재보다 추풍령이 더 적합했던 거야.

덕유산 줄기의 육십령은 경남 함양과 전북 장수의 경계가 되는 곳으로 호남과 영남을 연결하는 교통로였어. 신라와 백제의 접경지였다는 의미도 되지.

지금은 도시가 개발되어 옛 모습을 찾기 어렵지만 서울에도 진고개, 무악재, 미아리 고개, 아리랑 고개 등 고개가 제법 많았어. 서대문구에 있는 무악재는 서울에서 평양과 의주를 거쳐 중국으로 통하는 '의주 대로'에 있는 중요한 길목이었어.

지금 웬만한 고개에는 다 도로가 닦여 있어서 자동차로 쉽게 넘을 수 있어. 자동차는 비탈을 곧게 올라갈 수 없으니 구불구불하게 난 길을 따라 산을 넘었지. 그런데 이제는 구불구불 고개를 넘지 않고 터널을 뚫어 직선으로 산을 통과하는 도로가 많아졌어. 시대가 변하다 보니 고개의 역할까지 사라지는 것 같아.

옛 고갯길의 모습을 잘 보여 주는 문경 새재

'문경 새재는 웬 고갠가, 굽이야 굽이굽이가 눈물이 난다.'

진도 아리랑에 나오는 가사야. 진도는 전라남도 남해안에 있는 섬인데, 이곳 민요에 경상북도 내륙에 있는 새재가 등장하는 거야. 문경 새재가 누구나 알만큼 중요한 고개였다는 뜻이겠지?

새재라는 이름은 '나는 새도 쉬어 넘을 만큼 높고 험준한 고개'라는 뜻이래. 그래서 새재를 한자로 쓸 때는 조령(鳥嶺)이라고 해. 새(띠)라는 풀이 우거져서 새재라고 했다는 말도 있어. 《고려사》에는 새재가 풀이 많은 고개라고 해서 초점(草岾)이라고 기록되어 있고, 주변 마을 이름에도 풀을 뜻하는 '초'자가 들어가 있어. 또 지름길을 의미하는 샛길 고개라는 뜻으로 보는 경우도 있어.

새재는 조령산과 주흘산 사이에 7km 정도 협곡을 따라 놓인 고갯길이야. 경상북도 문경과 충청북도 충주를 잇는 길로 영남 대로의 큰 고개 중 하나였지. 영남 대로는 조선 시대 한양과 지방의 주요 도시를 연결하던 간선 도로 중 경상도와 연결된 길이야.

큰 고개들은 현대에 와서 대부분 포장도로로 바뀌었지만 문경 새재는 옛길이 그대로 남아 있어서 역사 탐방로로 가 보기에 좋아.

문경 시내에서 들어가면 협곡을 따라 주흘관, 조곡관, 조령관이 연달아 설치되어 있어. 중요한 고개에는 관을 설치해 통행을 관리했는데 문경 새재에는 그 관문이 세 개나 있는 거야.

큰 고개답게 문경 새재에는 많은 사람들의 흔적이 남아 있어. 주흘관과 조곡관 사이에는 새로 부임하는 경상도 관찰사와 떠나는 관찰사가 관인을 주고받던 교귀정이 있어. 경상도로 들어서는 초입에서 신구 관찰사들이 업무를 인수인계했던 거야. 나그네들이 쉬어 가던 숙소인 조령원, 관문을 지키는 병사들의 거처였던 군막 등도 터가 남아 있지.

•••문경 새재 제1관문인 주흘관

고개를 넘어 다녔던 사람들 중에는 과거 시험을 치러 한양에 가는 영남 지역 선비들이 많았어. 영남에서 한양에 갈 때 추풍령이나 죽령을 통할 수도 있지만 선비들이 새재를 이용했던 건 고개 이름 때문이래. 추풍령을 넘으면 추풍낙엽처럼 떨어지고, 죽령을 넘으면 미끄러지기 때문에 그곳을 피해 문경 새재를 넘은 거라나. 문경이란 이름에는 경사스러운 소식을 듣는다는 뜻이 담겨 있는데, 과거 시험을 치른 선비에게 기쁜 소식이 무엇일지는 뻔한 거 아니겠어?

중요한 고개에 설치한 관

철령, 문경 새재, 대관령 같은 중요한 고개에는 관을 설치해 지나는 사람들을 관리했어. 관은 지금의 검문소 같은 곳이라고 생각하면 돼.

고개와 관은 지명의 기준이 되기도 했어. 강원도의 영동과 영서는 대관령을 기준으로 한 것이고, 경상도 지역을 일컫는 영남은 문경 새재의 남쪽이라는 뜻이지.

관동(강원도)과 관서(평안도), 관북(함경도) 같은 지명은 철령관을 기준으로 한 거야. 철령은 한양에서 함경남도 원산으로 갈 때 넘게 되는 고개로, 군사상 중요한 위치였기 때문에 관이 설치되어 있었지.

산은 우리 생활에 어떤 영향을 미칠까

　사람들의 생활 모습은 어떤 환경에 사느냐에 따라 달라지는데 지형도 그런 요소 중 하나야. 평야에 산다면 농사짓기에 유리하고 마을이 들어서는 데에도 별 불편이 없을 거야. 하지만 산이 많은 지역에서는 여러 모로 불리하지.

　산지에서는 농사가 힘들다는 게 큰 단점이야. 산에 가려 해가 일찍 지기 때문에 낮이 짧고, 겨울은 평지보다 더 길어. 서리는 저지대보다 일찍부터 내리기 시작해서 더 오래도록 내려.

　무엇보다 농사를 지을 땅이 부족해. 그래서 옛사람들은 숲을 불태운 뒤 농지로 만드는 '화전'을 일구기도 했는데, 지금은 화전이 법으로 금지되어 있어. 산지에서는 주로 밭농사를 짓게 돼. 논은 바닥을 평평하게 만든 뒤 물을 채워야 하는데 산지에서 평탄한 땅을 찾기 어렵고 계곡 근처가 아니라면 물을 끌어오기도 힘들기 때문이야.

산은 집터 역시 구하기 어려워서 마을이 작고 거주하는 인구도 적어. 또 교통이 불편해 다른 지역과의 교류가 적다 보니 고립된 생활을 하게 되지.

산지에 살기는 쉽지 않지만 산이라서 얻을 수 있는 것들도 많아. 그리고 옛날과 달리 지금은 구석구석 도로가 놓여 교통이 편리하기 때문에 산이 주는 혜택을 누리기 쉬워졌어.

우선 산에서 얻을 수 있는 것으로 다양한 먹거리가 있어.

봄이면 곳곳에 솟아나는 산나물과 버섯 같은 먹거리들은 중요한 임산물이야. 취, 고사리, 곤드레 같은 산나물은 지금은 별미로 먹지만 식량이 부족했던 옛날에는 소중한 끼니거리였어. 소나무 숲에서 나는 송이는 값이 높아서 산간 지역 주민들의 소득에 큰 도움이 되고, 참나무를 이용해 재배하는 표고버섯도 산이라서 얻을 수 있는 소득이야. 벌을 이용해 꿀을 모으는 양봉 역시 숲이 필요한 일이지.

나무 역시 산에서 얻을 수 있는 자원이야. 그런데 우리나라 목재 자급률은 16%(2015년)로 무척 낮은 편이야. 목재 생산을 위해 체계적으로 관리되는 산이 드물고, 평지에 조성된 숲과 달리 비탈진 산에서는 목재를 운반하는 데 어려움이 크기 때문이지. 삼림을 효율적으로 가꾸고 관리할 수 있는 방법을 찾아야 할 것 같아.

산에서 얻을 수 있는 것들 중 규모가 크고 국가 산업에 영향을 미치는 것으로는 석탄이나 석회석 같은 지하자원이 있어. 우리나라 지하자원은 대부분 강원도에 묻혀 있어. 석탄은 1980년대까지 가장 많이 이용되었던 연료이고, 탄광이 개발되면서 태백, 정선 같은 산간 도시들이 부쩍 활기를 띠기도 했어. 석회석은 시멘트의 원료가 되는 자원이야. 다른 지하자원에 비해 매장량이 풍부한 편이라 한창 경제가 개발되고 고층 건물들이 들어설 때 꽤 도움이 되었지.

산은 훌륭한 관광 자원이 될 수도 있어. 사시사철 산이 가진 특성을 이용해 관광객들을 불러 모으는 거지. 봄이면 진달래나 철쭉 같은 봄꽃으로 사람들을 모으고, 여름철에는 서늘한 계곡과 더위를 식혀 주는 숲이 인기를 끌어. 가을철 단풍놀이와 겨울철 눈꽃 축제도 빼놓을 수 없지.

지리산은 국립 공원 1호

세계 여러 나라에서는 그 나라를 대표할 만한 뛰어난 자연 경관을 국립 공원으로 지정해서 보호하고 있어. 국립 공원을 지정하는 데에는 아름다운 경치를 지키려는 목적도 있지만 그곳에 속한 희귀한 동·식물을 보호하고 역사 유적지를 보존하기 위한 목적도 있어. 사람들은 이렇게 보호받고 관리되는 국립 공원을 찾아 경치도 즐기고 휴식도 취할 수 있지.

우리나라는 1967년 지리산을 시작으로 2016년에 지정된 태백산까지 22곳의 국립 공원이 있어.

우리나라 국립 공원은 대부분 산에 있는 공원이야. 지리산, 설악산, 계룡산, 내장산, 한라산 등 국립 공원으로 지정된 22곳 중 17곳이 산악 공원이지. 또 다른 국립 공원인 변산반도는 바다와 산을 함께 아우르고 있어. 해상 공원으로는 다도해, 한려해상, 태안 세 곳이 있고, 경주는 국립 공원 중 유일하게 역사 유적지야.

우리나라 국립 공원 제1호인 지리산은 전라남도·전라북도·경상남도 세 도에 걸쳐 있어. 산지 둘레가 320km를 넘는데, 이 거리면 서울에서 대구까지의 거리야.

국립 공원 분포

- 설악산 국립 공원
- 오대산 국립 공원
- 북한산 국립 공원
- 치악산 국립 공원
- 태백산 국립 공원
- 태안해안 국립 공원
- 소백산 국립 공원
- 월악산 국립 공원
- 계룡산 국립 공원
- 속리산 국립 공원
- 주왕산 국립 공원
- 변산반도 국립 공원
- 덕유산 국립 공원
- 내장산 국립 공원
- 경주 국립 공원
- 가야산 국립 공원
- 무등산 국립 공원
- 지리산 국립 공원
- 월출산 국립 공원
- 한려해상 국립 공원
- 다도해해상 국립 공원
- 한라산 국립 공원

서해 / 동해 / 남해

지리산 최고봉인 천왕봉은 해발 1915m로 남한 내륙에서 가장 높고, 주능선에 해발 1000m가 넘는 봉우리만 20여 개가 있어. 주능선에서 다시 뻗어 나간 곁가지 능선도 15개에 이르고 그 사이사이에 칠선 계곡, 한신 계곡, 뱀사골, 피아골 등 크고 작은 계곡이 발달해 있어. 웅장한 산답게 화엄사, 쌍계사, 천은사, 연곡사, 실상사 같은 이름난 사찰들도 곳곳에 자리 잡고 있지.

지리산을 흔히 어머니 같은 산이라고 해. 지리산은 전체적으로 흙이 두텁게 덮여 있고 수목이 울창하게 우거져서 후덕한 느낌을 주는 산이야. 울퉁불퉁 바위가 다양한 모습을 하고 있는 설악산이나 북한산과는 대비되는 모습인데, 산을 구성하는 암석이 서로 다르기 때문에 이런 차이를 보이는 거야.

••• 지리산

••• 설악산

설악산이나 북한산을 이루는 바위들은 화강암이야. 땅속 깊은 곳에서 생성된 화강암이 오랜 세월 비와 바람에 지표가 깎여 나가 겉으로 드러난 거야. 내리누르던 압력이 없어지니 부피가 팽창했고, 그러자 화강암 조직이 약해져 틈이 생겼어. 이 틈새로 물이 침투해서 얼고 녹기를 반복하다 보면 틈이 더욱 커지고 때로 부서지기도 해. 설악산, 북한산 같은 바위산에서 보는 기암괴석들은 이런 과정을 거쳐 만들어진 거야.

이와 달리 지리산을 이루는 암석은 대부분 20억~18억 년 전 만들어진 편마암이야. 편마암은 수평으로 눌리며 단단하게 다져진 암석이라 물이 쉽게 침투하지 못해. 따라서 화강암처럼 기암괴석이 드물어. 대신 편마암은 수평 방향으로 위로부터 고르게 깎여 나가기 때문에 흙이 일정한 두께로 쌓이게 되고, 풀과 나무가 자라기 좋아 울창한 삼림을 이룰 수 있지.

지리산은 식생이 울창한 산답게 서식하는 생물의 종도 다양해. 난대림부터 한대림까지 다양한 식생에 야생 동·식물이 무려 7532종이나 서식하고 있어.

산은 많지만 지하자원은 부족해

　우리 생활에 이용되는 광물 자원 중 땅속에 들어 있는 것을 '지하자원'이라고 해. 광물은 공업의 핵심적인 원료가 되니까 지하자원이 풍부하면 그만큼 산업 발달에 유리해. 그런데 우리나라는 지하자원이 부족한 편이야.

　한반도에는 시생대부터 시작되는 다양한 지층이 분포하기 때문에 묻혀 있는 광물의 종류가 다양해. '광물의 표본실'이라고 불릴 정도인데, 문제는 경제성이 별로 없다는 거야. 땅속에 묻힌 300여 종의 광물 중 사용 가능한 것은 140여 종이고, 그나마도 양이 적고 품질이 낮아서 실제로 캐서 사용하는 것은 30여 종에 불과해.

　지하자원이 부족하다는 것은 산업 발달에 걸림돌이 돼. 부족한 원료를 외국에서 수입하려니까 그만큼 비용이 들고, 공급이 불안정할 수 있기 때문이야.

우리가 수입에 의존하는 대표적인 광물이 금과 철광석인데, 둘 다 공업에서 차지하는 비중이 큰 자원이야. 금은 전국에 고루 분포하지만 생산량이 적어서 필요한 양을 다 충당할 수 없어. 철광석은 대부분 북한 지역에 매장되어 있고 남한에는 매장량이 적거나 품질이 좋지 않아서 생산하지 않아.

텅스텐, 흑연, 고령토, 석회석, 무연탄처럼 넉넉하게 묻혀 있는 자원도 있어. 1950년대에는 우리나라 전체 수출의 70% 이상을 이 광물들이 차지했을 정도야.

텅스텐은 한때 영월 상동에 있는 광산에서 생산했는데 이곳은 단일 텅스텐 광산으로는 세계에서 가장 규모가 컸고, 남한 생산의 90%를 차지할 정도였어. 하지만 값싼 중국산 텅스텐이

> 지하자원은 얼마나 많이 묻혀 있는지도 중요하지만 그것을 캤을 때 경제적으로 수익을 낼 수 있는지가 중요해.

■ 석탄
■ 석회석
Ⓦ 텅스텐
▲ 흑연
● 고령토

들어오면서 지금은 생산이 중단되었지. 지하에 자원은 여전히 묻혀 있지만 경제성이 없으니 채굴을 중단한 거야.

전극·원자로·연필 등의 제조에 사용되는 흑연 역시 매장량이 많아 한때는 세계에서 수출을 가장 많이 할 정도였지만 지금은 중국의 값싼 흑연을 수입하고 있어.

고령토는 도자기의 원료로서 하동, 산청 등에서 많이 생산돼.

우리나라 지하자원 중 매장량이 많고 계속 채굴되고 있는 것은 석회석이야. 강원도 영월, 삼척, 동해와 충북의 제천, 단양 등에 주로 분포하는데 이 석회석으로 국내 사용량의 90% 이상을 충당할 수 있어.

석회석은 시멘트의 원료야. 또 화학, 식품, 의약품 분야에 고루 활용되고 있어. 산소 용접에 사용하는 카바이드, 산성화된 토양을 중화시키기 위해 사용하는 석회 비료의 원료가 되기도 하고, 철광석을 녹여 순수한 철 성분을 얻을 때 쓰는 촉매로도 쓰여.

석회석은 석탄을 캘 때처럼 지하로 들어가는 게 아니라 바위를 깎아 내는 방식으로 생산되고 있어. 그러다 보니 산을 폭파시키고 캐낸 흔적이 그대로 드러나 보이고 먼지가 날리는 단점이 있지.

무연탄은 지금은 별로 쓰이지 않지만 한때는 중요한 역할을 했어. 1970년대 중화학 공업을 키울 때 핵심 연료로 주목받았고, 가정에서 사용하는 난방 연료도 무연탄이었어.

　　우리나라의 지하자원은 대부분 강원도에 분포하는데 특히 무연탄은 매장량의 90%가 태백산 지역에 몰려 있어.

　　1960년대 이후 탄광이 개발되자 강원도 산골이 북적이기 시작했어. 강원도는 대부분이 산지이고 농사지을 수 있는 땅은 10%밖에 되지 않아. 하지만 산업이 발달하고 지하자원이 개발되기 시작하자 태백, 정선, 영월, 삼척, 강릉 일대가 우리나라 제1의 광업 지역으로 떠올랐어. 캐낸 자원을 운반하기 위해서 영동선, 태백선, 정선선 등의 산업 철도들도 속속 건설되었지.

　　탄광 개발과 함께 성장했던 도시들은 1980년대 후반 폐광이 늘면서 쇠퇴하기 시작했어. 연료가 석유와 가스로 바뀌면서 무연탄 수요가 감소했고, 계속 석탄을 캐다 보니 점점 깊이 땅을 파야 해서 경제성은 떨어졌어. 게다가 외국에서 값싼 무연탄이 수입되면서 문을 닫는 탄광이 많아진 거야.

광부들이 떠나가면서 도시는 날로 쇠퇴했어. 인구는 줄어들었고 실업자는 늘어났지. 결국 지역 경제는 큰 타격을 입게 되었어.

다행히 지금은 폐광 지역을 되살리려는 움직임이 일어나고 있고, 새로운 산업을 찾아 지역을 활성화시키려는 노력이 이어지고 있어.

석탄·무연탄·연탄

석탄은 탄소 성분이 얼마나 함유되어 있는지에 따라 이탄, 아탄 및 갈탄, 역청탄, 무연탄으로 구분되는데 무연탄의 탄소 성분이 95%로 가장 높아.

우리나라에 묻힌 것은 대부분 무연탄이야. 불꽃이 짧고 다른 석탄들과 달리 연기를 내지 않아 무연탄이라고 해. 불이 잘 붙지 않지만 한 번 타기 시작하면 화력이 강하고 일정한 온도를 유지하면서 계속 타는 성질이 있어.

연탄은 무연탄을 주원료로 해서 만든 원통형 연료야. 공기 구멍이 뚫려 있어서 구공탄 또는 구멍탄이라고도 해. 1980년대까지 가정에서 난방용으로 주로 사용했어.

역청탄은 큰 열을 장시간 낼 수 있어서 제철소나 화력 발전소에서 사용하는데 악취와 매연을 발생시키는 단점이 있어.

석탄은 채굴과 수송이 불편한 데다 오염 물질을 많이 배출하기 때문에 세계적으로 사용량이 감소하고 있어.

석탄을 가장 많이 생산했던 정선

정선은 산이 많은 강원도 안에서도 오지로 꼽힐 만큼 산이 많고 험한 곳이야. 높은 산에 둘러싸여 하늘이 잘 안 보인다고 해서 '정선의 하늘 넓이는 열다섯 평'이라는 말이 있을 정도야. 산에 둘러싸여 외부와 교류가 어려웠던 심심산골 정선은 1960년대 이후 탄광이 개발되면서 강원도 태백과 함께 석탄 산업의 중심지로 크게 성장했어.

정선은 한때 석탄 생산량이 전국 생산량의 30% 가까이 차지하기도 했는데, 그중에서도 사북읍에 있던 '동원 탄좌 사북 광업소'는 민간에서 운영하는 동양 최대의 탄광으로 엄청난 규모를 자랑했어. 한 탄광에서 전국 석탄 생산량의 10% 이상을 생산했을 정도니 말이야.

하지만 1980년대 말부터 전국적으로 탄광이 문을 닫으면서 정선 역시 그 바람을 피할 수 없었어. 탄광이 문을 닫자 사람들이 떠났고 상가, 학교, 음식점 등도 줄줄이 문을 닫았어. 1978년 14만 명에 달

••• 폐광 뒤 전시관으로 바뀐 모습 ⓒ삼탄아트마인

했던 정선군의 인구는 폐광과 함께 줄어들기 시작해서 2001년에는 4만 9000명까지 감소했어.

다행히 1990년대 폐광 지역을 되살리자는 움직임이 일어났고, 정선은 그 중심에 있었지. 정부에서도 폐광 지역에 새로운 시설이 들어설 때는 허가를 쉽게 해 주고 지역 개발에 도움이 되는 새로운 사업에는 금융 지원을 해 주는 등 적극적으로 나섰어.

산악 지대라는 조건을 활용해 관광지로 재탄생시키는 노력이 우선되었는데 그 중 하나가 탄광 도시였던 흔적을 체험 시설로 활용하는 거야. 최대 탄광이었던 사북 광업소는 석탄 유물 보존관이 되어 석탄 채굴 과정을 생생히 보여 주지. 각종 채굴 장비들과 광부들의 작업 환경을 둘러보는 한편 갱도에 들어가는 체험도 해 볼 수 있어.

고한읍에 남은 폐광은 '삼탄아트마인'이라는 복합 문화 예술 단지로 재탄생했어. 삼탄아트마인에서 삼탄은 삼척 탄좌를 말하고 아트는 예술, 마인은 광산을 뜻해. 석탄을 캐던 곳을 문화 예술을 캐는 곳으로 만들었다는 의미를 담은 이름이래. 탄광 도시의 역사를 보존하는 것은 물론 한 걸음 더 나아가 예술과 결합하려는 노력이지.

석탄을 실어 나르던 철로는 레일 바이크로 활용되고 있어. 정선선은 석탄 운반을 위해 설치되었던 철길이야. 아우라지에서 구절리 구간은 송천을 끼고 달리는데 경치가 아름답기로 유명하지. 레일 바이크를 타는 재미는 물론 멋진 풍광을 볼 수 있어서 인기가 좋다고 해.

아름드리 주목과 철쭉이 어우러진 두위봉, 가을철 억새로 유명한 민둥산, 동강의 절경이 내려다보이는 백운산, 야생화가 군락을 이루는 함백산 등도 사람들을 정선으로 불러들이고 있어. 깊은 산골이라 외부와 교류가 어려웠던 정선이지만 지금은 사람들이 외려 그 깊은 산을 찾아서 오고 있어.

석회암 지역에는 왜 동굴이 많을까

　우리나라는 국토 면적에 비해 석회암이 꽤 넓게 분포해. 석회암의 주성분인 탄산칼슘은 산호나 조개류 등의 뼈와 껍질이 쌓여서 만들어져. 이 수중 생물들은 따뜻한 바다에 서식하는 종류들이기 때문에 지금 석회암이 분포하는 지역은 과거에 따뜻한 바닷속에 있었다는 이야기가 되지.

　우리나라의 석회암 지대 역시 고생대(5억 7000만~2억 4000만 년 전)에 따뜻한 바다였던 곳이야. 한반도는 고생대 초기 남반구인 남위 10° 부근의 열대 지역에 있다가 천천히 움직여서 2억 년 전에 지금의 위치인 북위 38° 부근까지 왔어. 지각은 우리가 느낄 수는 없지만 지금도 아주 미세하게 이동 중이고, 그 속도는 1년에 2~6cm 정도래.

탄산칼슘의 특징은 물에 잘 녹는다는 거야. 단양이나 영월 같은 석회암 지대를 가 보면 주변보다 낮게 꺼진 땅을 흔히 볼 수 있는데 땅속의 석회암이 빗물이나 지하수에 녹아 가라앉은 거야. 이런 지형을 '돌리네'라고 해. 돌리네의 규모는 지름이 2m에서 200m인 것이 대부분이지만 1km가 넘는 것도 있어. 깊이도 2m부터 300m까지 무척 다양해. 여러 개의 돌리네가 모여서 골짜기 같은 모습을 만들기도 하지.

석회암 지대에서는 땅이 붉은색을 띠는 걸 볼 수 있어. 석회암이 물에 녹으면 철, 알루미늄 같은 물질이 남게 되는데 이것이 산화되어 붉게 보이는 거야. 이런 토양을 '테라로사'라고 해. 테라로사는 광물질이 풍부해 비옥하지만 물이 잘 빠지는 성질이 있기 때문에 논보다는 주로 밭으로 이용되고 고추와 마늘 같은 작물을 심기 좋아.

석회암 지대의 특징이라면 무엇보다 동굴이 잘 발달한다는 거야. 석회암 지대에서는 물이 지하로 잘 스며드는데, 이 물이 땅속을 흘러가면서 만드는 통로가 점점 커지면 동굴이 돼.

석회 동굴에는 다양한 동굴 생성물이 기묘한 모습을 뽐내. 고드름처럼 동굴 천장에 매달린 종유석, 바닥에서부터 죽순 모양으로 자라는 석순, 종유석과 석순이 만나 기둥이 된 석주, 동굴 곳곳에 혹처럼 자라는 동굴산호, 경사진 벽면을 따라 주름 잡힌 천 모양으로 굳어진 커튼은 화려한 조각 작품을 연상시켜.

지하에 이렇게 화려한 조각을 해 놓은 주인공은 바로 물이야. 석회암이 지하수에 녹으면 탄산칼슘과 이산화탄소가 발생해. 여기에서 물과 이산화탄소가 증발하고 나면 탄산칼슘만 남아서 굳게 되는데, 그 탄산칼슘이 조금씩 쌓여서 종유석이나 석순 같은 것들을 만드는 거야. 지하수의 작용으로 동굴에서는 이런 생성물이 계속 자라고 또 형태가 변하고 있어.

남한에서 발견된 석회 동굴은 600개가 넘고 강원도 영월의 고씨동굴, 정선 화암동굴, 삼척 환선굴·대금굴, 충청북도 단양의 고수동굴·천동굴, 경상북도 울진 성류굴 등이 많이 알려져 있어.

영월의 고씨굴은 임진왜란 때 고씨 성을 가진 가족이 피신했다고 해서 붙은 이름이야.

삼척 성류굴은 임진왜란 때 동굴 속에 불상을 피신시켰다고 해서 성류라는 이름이 붙었어. 성류굴은 가장 먼저 관광지로 개발된 동굴이야. 삼척에서는 석회 동굴 82개가 발견되었는데 대이리에 동굴 6개가 모여 있기도 해.

단양의 고수동굴은 총길이가 1.3km에 이르는 거대한 규모를 자랑하지.

동굴을 소개할 때 '수억 년의 비밀을 간직한 동굴'이라는 말을 하는 경우가 있는데, 사실 이건 틀린 표현이야. 우

••• 동해 추암 : 동해시 바닷가에 촛대 모양으로 서 있는 바위. 물에 잘 녹는 부분은 사라지고 단단한 부분만 남아 있다.

리나라 석회암층이 고생대 초기인 5억~4억 년 전에 만들어진 건 맞지만 그 땅에 동굴이 생긴 건 신생대 3기 말 이후거든. 그러니까 동굴의 역사는 길어야 수백만에서 수십만 년 정도인 거야.

물에 잘 녹는 특징 때문에 석회암 지대에는 기암 절경이 만들어지는 경우가 많아. 석회암이 물에 녹다 보면 단단한 부분만 남게 되는데 제법 규모가 큰 구릉지로 남기도 하고 작은 돌기둥으로 남기도 해. 그 모습이 특이한 경관을 이루어 관광 자원으로 활용되는 경우가 많지. 세계적인 관광 명소로 이름을 떨치는 베트남의 하롱베이, 중국의 구이린, 스린 같은 곳이 그런 경우야. 우리나라에서는 영월군의 서강 옆에 있는 선돌, 동해시 바닷가의 추암 등에서 그 모습을 볼 수 있어.

석회암 지형을 잘 보여 주는 단양

단양은 석회암 지대에 나타나는 땅 모양, 즉 카르스트 지형을 잘 볼 수 있는 곳이야. 매포읍과 가곡면 일대에는 다양한 크기와 모양의 돌리네가 발달해 있어. 주위보다 움푹 꺼진 땅을 곳곳에서 볼 수 있는데 주로 밭으로 이용되고 있지. 보통 돌리네가 발달한 땅에서는 고추와 마늘 농사가 잘 되는데, 예로부터 단양 마늘은 질이 좋기로 유명했어.

단양은 석회암 지대답게 자연 경관이 좋아서 많은 여행객을 불러 모으고 있어. 단양의 관광 자원으로는 먼저 지하 세계의 신비를 보여 주는 동굴이 있어.

고수동굴, 온달동굴, 천동동굴 외에도 일반인에게 개방된 노동동굴, 에덴동굴, 상진리 포도굴, 조운굴 등의 동굴이 있어.

고수동굴은 종유석, 석순, 석주는 물론이고 석화·동굴산호·동굴진주·동굴선반 등이 발달해 있어. 동굴 생성물의 종합 전시장을 방

●●● 고수동굴 내부

불게 하는 모습인데 특히 커튼 모양의 종유석들이 폭포처럼 뻗어 내린 모습이 장관이지.

단양을 이야기하면서 단양 팔경을 빼놓을 수는 없어. 단양에 있는 경치 좋은 여덟 곳을 꼽은 것인데 단양 팔경 중에는 도담삼봉이나 석문, 사인암처럼 석회암이 물과 만나 만들어진 절경도 있고, 하선암, 중선암, 상선암같이 화강암의 기암괴석으로 이루어진 곳도 있어.

도담삼봉은 남한강에 섬처럼 떠 있는 세 봉우리야. 원래는 강가의 산자락에 붙어 있었는데 남한강물에 석회암 성분이 녹아 없어지면서 섬처럼 따로 떨어졌어. 석문은 돌로 된 무지개다리 모양을 하고 있는데, 석회동굴이 붕괴된 뒤 동굴 천장의 일부가 남은 것으로 추정되고 있어. 구담봉과 옥순봉은 남한강가에 솟아 있는 바위 봉우리야. 구담봉은 깎아지른 듯한 바위 위에 거북처럼 생긴 바위가 있어서 붙은 이름이고, 옥순봉은 희고 푸른 바위들이 힘차게 솟은 모습이 마치 옥으로 된 죽순 같다고 해서 붙은 이름이야.

우리나라에도 화산이 있을까?

　지구 상에는 수많은 화산이 있고 가끔 화산 폭발로 큰 피해를 입었다는 소식이 들리곤 해. 우리나라에는 현재 활동하는 화산이 없으니까 그럴 염려가 없어. 중생대에는 우리나라에도 화산 활동이 활발했었지만 오랜 시간이 흐르는 동안 그 흔적이 대부분 없어졌어. 지금 화산의 모습이 남아 있는 백두산, 한라산, 울릉도는 비교적 가까운 시기에 화산 활동이 있었던 곳이야.

　제주도의 한라산과 울릉도의 성인봉은 둘 다 화산 활동으로 생겨났지만 생김새가 퍽 대조적이야. 제주도와 한라산은 전체적으로 완만한 방패 모양이고, 울릉도와 성인봉은 경사가 급한 종 모양을 하고 있지. 이 차이는 화산 폭발 때 나온 용암의 점성(뭉치려는 성질)이 서로 달라서 나타나는 거야. 점성이 작은 용암은 잘 흘러가니까 식기 전에 멀리까지 갈 수 있어서 경사가 완만해지는데, 점성이 강하면 멀리까지 흘러가지 못하고 화구 근처에 쌓인 채 굳게 되는 거지.

용암은 아주 뜨거워. 돌이 녹아서 액체로 흐를 정도니 얼마나 뜨겁겠어. 뜨거운 용암은 공기나 물을 만나면 급격하게 식어. 물질이 식어서 굳을 때는 부피가 수축하는데 용암은 워낙 급하게 식다 보니 사이사이에 틈이 생기게 돼. 이 틈새를 따라 침투한 물이 얼고 녹기를 반복하면 틈이 더 벌어지고 부서지기도 해. 이렇게 암석의 틈이 벌어지는 것을 '절리'라고 하는데, 용암이 식으면서 생기는 절리는 수직 방향으로 길게 발달하면서 단면이 4~6각형인 긴 기둥 모양을 이루지. 이것을 기둥 모양 절리라고 해서 '주상 절리'라고 해.

••• 제주도의 주상 절리

주상 절리는 화산섬인 제주도에서 흔히 볼 수 있는데 내륙에서도 주상 절리를 볼 수 있는 곳이 꽤 많아. 경기도 연천, 포천 지역에는 한탄강을 따라 주상 절리가 발달해 있어. 한탄강 일대의 땅도 용암 분출로 만들어졌거든.

광주광역시에 있는 무등산 정상부의 입석대와 서석대는 유일하게 산 정상에서 볼 수 있는 주상 절리야. 무등산은 9000만 년 전 화산 활동으로 만들어졌는데, 풍화에 강한 석영안산암질로 되어 있어서 지금까지 주변보다 높은 산으로 남아 있고 정상부의 주상 절리도 형태를 유지하고 있는 거야.

청송의 주왕산도 여러 차례 화산 활동으로 만들어졌어. 주왕산은 화산재를 많이 내뿜으며 분출했는데 위로 솟구치기보다 옆으로 흘러내리는 식이었어. 옆으로 흐르는 화산재는 공중으로 날아가는 화산재보다 훨씬 더 뜨거운데, 뜨거운 화산재가 계속 쌓이다 보면 온도와 압력 때문에 서로 엉겨 붙게 돼. 이 덩어리가 식으면 부피가 줄어들면서 틈이 갈라지고, 수직 방향의 틈을 따라서 돌기둥이 떨어져 내려. 주왕산은 바위 병풍을 친 듯한 모습이라고 해서 석병산이라고도 불리는데, 그 바위 절벽들은 이 과정을 거쳐 만들어진 거야.

••• 주왕산 바위의 수직으로 갈라진 모습

••• 무등산 서석대

제주도에서 볼 수 있는 화산 지형들

제주도는 우리나라에서 화산 지형을 관찰할 수 있는 대표적인 곳이야.

제주도에는 섬 가운데 우뚝 솟은 한라산 외에도 크고 작은 화산체들이 곳곳에 솟아 있어. 화산이 폭발할 때는 마그마가 지표로 올라오다가 곁가지를 쳐서 옆쪽으로 다른 분화구가 생기기도 하고, 산기슭의 약한 틈으로 용암이나 가스가 분출되기도 해. 이 화산 활동에 의해 큰 화산 중턱이나 기슭에 생겨난 작은 화산체들을 '기생 화산'이라고 하는데 제주도 말로는 '오름'이라고 해.

제주 여행객들이 많이 찾는 성산 일출봉도 오름 중 하나야. 제주도 본섬과 가까운 얕은 바다에서 용암이 분출했는데 물과 만나자 격렬한 반응이 일어나며 수많은 파편이 생겼어. 이 파편들과 화산재가 화구 주변에 쌓여 성산 일출봉이 만들어진 거야. 그러니까 성산 일출봉은 처음 생겼을 때는 섬이었다는 건데, 본섬과의 사이에 모래와 자

••• 성산일출봉

갈이 계속 쌓여서 하나로 연결되었지.

제주도의 풍광을 색다르게 만들어 주는 요소로는 검은색 돌도 한몫해. 제주도의 검은 돌은 용암이 땅 위를 흐르는 중에 식기도 하고 바닷가에 이르러 물을 만나 식기도 하면서 굳어진 거야. 이때 용암 성분 중 가스가 빠져나가면서 돌에 구멍이 숭숭 뚫렸지. 제주도는 이렇게 구멍이 많은 '현무암'이 주를 이루다 보니 물이 땅으로 쏙쏙 빠져 버려서 지표로 흐르지 못해. 그래서 제주도에는 계곡이 제법 많은데도 물이 흐르는 곳은 별로 없어. 장마나 태풍 때 물이 잔뜩 불어나면 잠깐 흐르다가도 곧 말라 버려.

제주도에서는 검은 모래사장도 볼 수 있어. 바닷가 모래는 하천 주변의 암석이 풍화되어 실려 오거나 해안가의 암석들이 풍화되어 쌓인 거야. 그런데 제주도를 이루는 암석이 주로 검은 돌이니 모래도 검은 것이지. 삼양 해수욕장은 검은 모래사장을 볼 수 있는 대표적인 곳이야.

협재나 김녕처럼 흰 모래사장이 발달한 해변도 있는데, 이곳의 모래는 암석이 풍화된 것이 아니라 해양 생물의 잔해로 이루어진 거야. 조개나 고둥 같은 연체동물, 홍조류, 성게 등이 죽은 뒤 부드러운 부분은 없어지고 단단한 탄산염 조각만 남아서 모래처럼 잘게 부서진 거지.

용암이 흐르며 제주도 땅을 만들 때 동굴도 만들어졌어. 용암과 공기가 접한 겉면이 식어서 단단해진 뒤에도 그 안쪽의 용암은 계속 흘러가. 이때 용암이 흘러간 자리가 빈 공간으로 남게 되는 거지. 그래서 용암 동굴 안쪽 벽을 보면 용암이 흘러간 자국을 볼 수 있어.

제주도의 동굴 형성을 잘 보여 주는 곳으로 '거문오름 용암 동굴계'가 있어. 30~20만 년 전 거문오름에서 분출된 용암이 북동쪽 바닷가까지 흘러갔는데 그 줄기에 만들어진 동굴들을 한데 묶어서 거문오름 용암 동굴계라고 해. 현재 10곳이 발견되었는데 그중에서 만장굴, 김녕굴, 벵뒤굴, 당처물동굴, 용천동굴은 유네스코 세계 자연 유산에 등재되었어.

제주도의 용암 동굴 중에는 특이하게 석회 동굴처럼 종유석, 석순, 동굴진주 같은 생성물이 자라는 곳이 꽤 있어. 김녕굴, 용천동굴, 당처물동굴과 서쪽 협재 바다 가까이 있는 쌍용굴, 협재굴이 그런 곳이야. 이 동굴들은 김녕 혹은 협재 바다와 가까이 있는데, 이곳 모래의 주성분인 탄산칼슘이 빗물에 녹아 지하로 흘러들면서 석회동굴 같은 모습을 만든 거야.

굽이굽이 강물 따라 찾아가기

우리나라 하천의 특징

'냇물아 흘러 흘러 어디로 가니. 강물 따라 가고 싶어 강으로 간다. 강물아 흘러 흘러 어디로 가니. 넓은 세상 보고 싶어 바다로 간다.' 아마 이 노래는 모두 들어 봤을 거야. 작은 냇물은 흘러가면서 다른 냇물을 만나 점점 커져서 강이 되고, 강은 넓은 바다로 흘러 들어가.

우리나라 하천은 주로 서해로 흘러드는데 동해로 흘러드는 하천에 비해 상대적으로 더 길고 경사가 완만해. 높은 산줄기들이 동쪽에 치우쳐 있기 때문이지. 동해로 흘러드는 하천은 바다까지 거리가 짧다 보니 규모가 작고 경사가 급한 편이야.

유역 면적도 서해로 흘러드는 하천이 더 넓어. 유역 면적이란 어떤 하천으로 물이 모여드는 범위를 말해. 그러니까 땅으로 떨어지는 빗물이 어느 강으로 흘러드는가 하는 건데, 강의 면적 같은 거라고 생각하면 돼. 강이 얼마나 큰지 규모를 이야기할 때는 길이와 함께 유역 면적도 중요한 기준이 되지.

남한에서 가장 긴 강은 525km를 흘러가는 낙동강이고, 그다음은 514km의 한강이야. 하지만 유역 면적은 한강이 26219km²로 낙동강의 23860km²보다 더 커. 길이로는 낙동강이 더 길지만 유역 면적으로는 한강이 더 큰 강인 거야.

서해로 흐르는 강의 유역 면적이 넓다는 건 동해로 흘러가는 하천과 비교했을 때 그렇다는 것이고, 우리나라 하천은 유역 면적이 작은 편이야. 하천이 넓은 땅을 흘러갈수록 유역 면적이 넓어지는 법인데, 우리나라는 국토가 작잖아. 게다가 산 사이로 좁은 틈을 흐르다 보니 유역 면적이 작은 거지.

하천들은 상류에서 산과 산 사이를 흐를 때에도, 하류의 평야 지대를 흐를 때에도 구불구불 굽이쳐 흘러. 단단한 지질은 피해 가고 쉽게 침식되는 약한 지질을 찾아 흐르다 보니 굽이가 심해진 거야.

그래도 우리가 실제로 보는 강은 그다지 구불구불하지 않은데, 물길을 직선으로 만드는 직강 공사를 많이 했기 때문이야. 물길을 직선으로 펴면 물이 빨리 바다로 흘러갈 테니까 홍수를 예방할 수 있다는 것인데, 외려 직강 하천일수록 홍수 위험이 크다는 연구 결과도 있어.

우리나라 하천은 유량이 불안정해. 늘 일정한 양의 물이 흐르면 좋을 텐데, 물이 많을 때와 적을 때가 들쑥날쑥하고 수량 차이도 커. 비가 여름철에 몰아서 내리는 기후 특성 때문이야. 우리나라는 강수량이 적은 편은 아니지만 문제는 그 비가 여름에 몰아서 내린다는 거지. 봄이나 가을에는 가물어서 하천이 바닥을 드러냈다가도 여름철 장마가 지거나 태풍이 오면 홍수가 나는 일도 흔해. 유량이 이렇게 들쑥날쑥하다 보니 수자원을 계획적으로 이용하기 힘들어.

한강, 금강, 영산강처럼 서해로 흘러드는 하천들은 하류에서 바닷물의 영향을 많이 받아. 서해는 밀물일 때와 썰물일 때 바닷물의 높이 차이가 무척 큰데, 이에 따라 하천 수위도 오르내리는 거야. 또 하구가 평탄하다 보니 밀물 때는 바닷물이 강의 꽤 깊숙한 곳까지 역류해 들어와.

짠 바닷물이 강물과 섞이면 농작물이 피해를 입게 돼. 그래서 바닷물이 침입하는 것을 막기 위해 강 하구에 둑을 쌓았는데 이것을 '하굿둑(하구언)'이라고 해. 하굿둑은 밀물 때 바닷물이 강으로 흘러 들어오는 것을 막고, 썰물 때 물이 빠져나가는 것을 막아 줘. 1981년 영산강에 처음으로 하굿둑이 건설되었고, 금강과 낙동강에도 하굿둑이 건설되었어.

••• 낙동강 하굿둑

••• 영산강 하굿둑

낙동강이 휘돌아 흐르는 곳 안동 하회 마을

경북 안동의 낙동강에 자리 잡은 하회 마을은 옛 모습을 간직한 집들과 전통 문화가 고스란히 남아 있는 곳으로 유명한 마을이야. 화산에서 뻗어 내린 산줄기 끝자락에 마을이 있고 이곳을 다시 물길이 둘러싸고 있어서 강 건너에서 보면 육지 속의 섬처럼 보이는 곳이지.

하회 마을을 우리말로 하면 '물돌이동'이 되는데, 물길이 마을을 감싸고 돈다고 해서 붙은 이름이야.

하회 마을은 산과 강으로 둘러싸여 고립될 수밖에 없었고, 그 덕분에 임진왜란이나 한국 전쟁 같은 큰 전란에서 무사할 수 있었어. 하회 마을이 옛 모습을 간직하며 전통 문화의 맥을 유지할 수 있었던 건 지형 덕분인 셈이야.

마을을 감싸고 있는 강변에는 꽤 넓은 모래톱이 펼쳐져 있어. 하지만 강 건너편에는 수직으로 잘라 낸 듯한 절벽이 서 있고 물도 깊

어. 강 양쪽의 모습이 이렇게 달라진 것은 물이 흐르는 속도 차이 때문이야.

물은 휘어진 곳을 흐를 때 안쪽에서는 속도가 느려지고 바깥쪽에서는 빨라져. 속도가 느려지면 강물은 그동안 싣고 왔던 흙과 모래를 내려놔. 하지만 속도가 빨라진 바깥쪽에서는 그만큼 힘도 세져서 땅을 더욱 세게 깎아 내지. 이런 현상을 옆쪽을 깎아 낸다고 해서 '측방 침식'이라고 해.

하회 마을에서도 바로 이 작용이 일어난 건데, 굽이진 물의 안쪽인 마을 쪽에는 계속 모래가 쌓이고 바깥쪽 절벽인 부용대는 계속 파인 거야. 부용대는 지금도 계속 깎여 나가고 있고 마을 앞 모래톱은 넓어지고 있지. 지금 마을이 들어선 자리도 오래전에는 강물이 흘렀던 곳인데 계속된 퇴적 작용으로 땅이 된 거야.

하회 마을 안에는 조선 시대 명재상으로 이름을 날린 서애 류성룡의 종가인 충효당과 가장 오래된 대종가인 양진당을 중심으로 110여 채의 기와집과 초가집이 어우러져 있어. 류성룡의 호인 서애는 서쪽 벼랑이란 뜻인데 바로 마을 건너편에 있는 부용대를 말해.

회룡포

경북 예천군 용궁면의 회룡포는 하회 마을보다 더 심하게 물이 굽이도는 곳이야. 내성천이 낙동강에 합류하기 직전 똬리를 틀 듯 휘돌아 흐르는데, 물길이 거의 원을 그리기 직전이야. 하회 마을에서도 그랬듯이 굽이도는 안쪽에는 넓은 모래톱이 형성되어 있어.

조선 고종 때 의성 사람들이 모여 마을을 만들었다고 해서 의성포라고도 하는데, 이름 때문에 의성군에 있는 곳으로 오해할 수도 있기 때문에 이름을 회룡포로 바꿨다고 해.

강의 길이는 어디서부터 어디까지일까

우리나라에서 가장 긴 강은 어디일까?

한반도에서 가장 긴 강은 803km를 흘러가는 압록강이야. 803km면 서울에서 부산을 왕복하는 정도의 거리야. 525km인 낙동강이 두 번째로 길고, 세 번째는 521km의 두만강이야. 한강은 그보다 조금 짧은 514km로 4위에 이름을 올렸어.

그런데 강의 길이는 어디서부터 어디까지 재는 걸까? 강은 물줄기가 하나만 있는 게 아니라 수많은 물줄기가 모여서 흐르는 거잖아.

강의 길이는 이 물줄기들 중 가장 긴 물줄기, 그러니까 하구에서 가장 먼 발원지까지의 거리를 말해. 하구는 강이 바다와 만나는 곳, 그러니까 강이 끝나는 곳이야. 발원지란 물줄기가 처음 시작된 곳을 말해. 물이 솟아나오는 샘이나 연못 말이야. 강으로 흘러드는 수많은 물줄기에는 저마다 발원지가 있는데, 그중 하구에서 가장 멀리 있는 샘이 그 강의 발원지가 되는 거야. 한강을 한번 예로 들어 볼게.

한강을 이루는 가장 큰 지류는 남한강과 북한강이고, 이 두 강에는 다시 수많은 지류들이 있어. 남한강과 북한강 중 더 멀리에서 시작된 강은 남한강이고, 이 남한강이 시작된 곳은 태백의 검룡소야. 이 검룡소에서부터 한강이 서해 바다로 흘러드는 하구까지의 거리가 한강의 길이가 되는 것이지.

검룡소에서 흘러나온 물은 골지천을 이루고, 이 물은 정선 아우라지에서 송천과 만나 조양강이 돼. 송천은 대관령에서부터 흘러온 물줄기야. 조양강은 조금씩 물줄기가 커지다가 정선읍 남쪽에서 어천을 만난 뒤에는 동강이라고 불려. 동강은 영월을 휘감으며 흐르다가 영월 남쪽에서 서강을 만나고, 이때부터 남한강이라는 이름으로 불리지. 물론 서강도 동강처럼 여러 지류를 합치면서 흘러왔어.

남한강은 충주호를 지나 달천을 받아들이고, 원주에서는 다시 섬강과 합류해. 검룡소에서 시작된 물줄기는 이렇게 크고 작은 지류들을 받아들이며 흘러오다가 팔당에서 북한강과 합류해.

금강산에서 발원한 북한강은 춘천에서 소양강을 만나고 청평에서는 홍천강을 받아들인 뒤 팔당에서 남한강과 합치게 돼. 남한강과 북한강이 만나는 곳을 두 물줄기가 만나는 곳이라고 해서 '두물머리'라고 해. 양수리(兩水里)라는 지명은 두물머리를 한자로 표시한 거야.

두물머리를 지난 뒤에도 한강에는 중랑천이나 왕숙천, 탄천 같은 지류가 흘러들어.

한강은 서울을 가로지른 뒤 파주의 통일 공원 부근에서 다시 임진강을 받아들이고, 강화도와 북한의 개풍군 사이로 흘러들며 긴 여행을 끝내게 돼.

우리는 한강이라고 하면 흔히 서울을 가로지르는 넓은 강만 떠올리지만, 사실 그 물줄기는 발원지인 태백의 검룡소에서부터 다양한 이름으로 불리며 길고도 먼 길을 흘러온 거야.

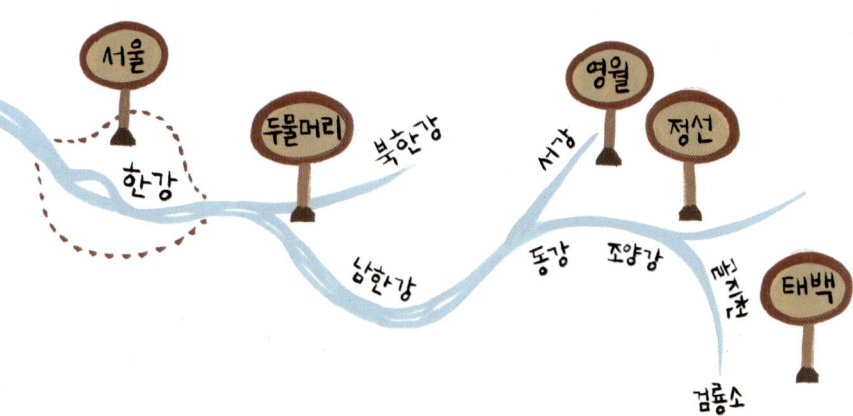

세 개의 물줄기가 나뉘는 곳 태백 삼수령

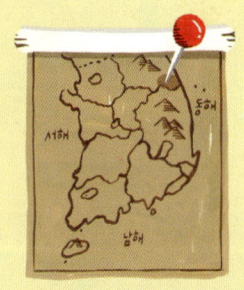

강원도 태백시에서 삼척시 쪽으로 가다 보면 삼수령이라는 고개가 나와. 삼수령이라는 이름에서 삼(三)은 셋을, 수(水)는 물을 뜻해. 령(嶺)이 고개라는 건 앞에서 이야기했지?

이 고개가 세 물줄기를 나누는 분수령이 되기 때문에 이런 이름이 붙은 건데, 여기에서 말하는 '세 물'은 한강, 낙동강, 오십천이야. 삼수령에 내리는 빗물은 어느 경사면으로 떨어지느냐에 따라 한강 물이 되어 서해로 흘러가기도 하고, 낙동강 물이 되어 남해로 가기도 해. 아니면 오십천 물이 되어 동해로 흘러가거나.

세 하천의 발원지는 모두 태백에, 서로 멀지 않은 곳에 있지만 이 고개에 가로막혀서 전혀 다른 방향으로 각자 흘러가게 된 거지.

한강 발원지인 검룡소는 태백시와 정선군 경계인 금대봉 기슭에 있는데 하루에 2000t 이상 물이 솟아나고, 수온이 어느 계절이든 9℃ 정도로 일정하대.

낙동강 발원지인 황지는 태백 시내 중심부에 있고 상지·중지·하지 세 못으로 이루어져 있어. 황지에는 깊이를 알 수 없을 만큼 깊은 굴이 있어서 아무리 가물어도 물이 마르는 법이 없대. 하루 5000t씩 물이 솟아난다고 해. 물이 차고 맑아서 1980년대 말까지만 해도 주민들이 상수도원으로 이용했지. 지금은 황지 일대가 공원으로 조성되어 있어.

오십천은 영동 지방에서 가장 긴 하천이지만 길이가 49km 남짓에 불과해. 오십천의 발원지인 백병산에서 동해까지의 직선거리는 더 짧지만 워낙 구불거리다 보니 49km를 흘러가는 거야. 오십천이라는 이름도 굽이굽이 흘러 동해에 이를 때까지 50번은 돌아 흐른다고 해서 붙은 거래.

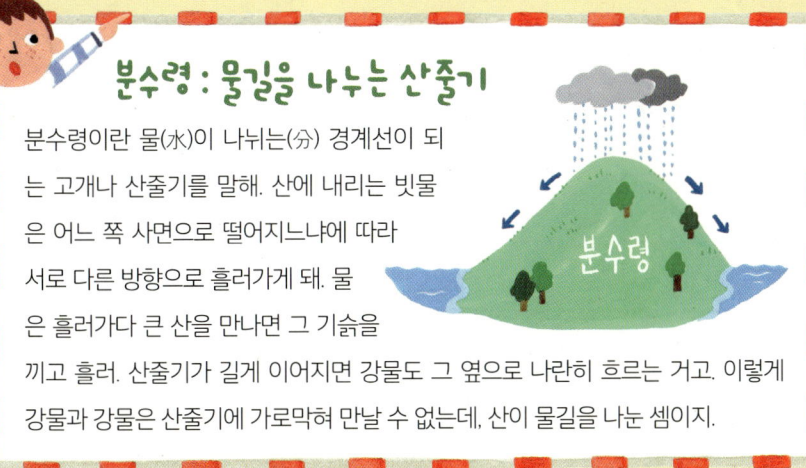

분수령 : 물길을 나누는 산줄기

분수령이란 물(水)이 나뉘는(分) 경계선이 되는 고개나 산줄기를 말해. 산에 내리는 빗물은 어느 쪽 사면으로 떨어지느냐에 따라 서로 다른 방향으로 흘러가게 돼. 물은 흘러가다 큰 산을 만나면 그 기슭을 끼고 흘러. 산줄기가 길게 이어지면 강물도 그 옆으로 나란히 흐르는 거고. 이렇게 강물과 강물은 산줄기에 가로막혀 만날 수 없는데, 산이 물길을 나눈 셈이지.

강물이 흘러가며 만든 땅들

　강물은 흘러가면서 끊임없이 지형을 변화시키고 있어. 물은 힘이 꽤 세서 땅을 깎아 낼 수 있고, 깎아 낸 흙이나 자갈 등을 싣고 흘러가다가 낮은 곳에 쌓아 놓기도 해.

　우리나라 강의 특징 중 하나가 구불거리며 흐르는 거라고 했지? 굽이굽이 흐르는 건 상류에서 산지를 지날 때에도 마찬가지야.

　우리 눈에는 깊이 파인 땅에 물이 흐르는 것처럼 보이는데, 정확하게 표현하자면 물이 흐르면서 바닥을 계속 깎아 내서 깊어진 거야. 물이 흘러갈 때 옆쪽에도 힘이 작용하지만 바닥 쪽으로도 힘이 가해지거든. 이렇게 강물이 깊이 파 들어가면서 굽이도는 것을 '감입 곡류'라고 해.

감입 곡류 하천은 그 땅이 원래 평지였다가 융기했다는 증거가 돼. 강물이 평지를 구불구불 흐르고 있었는데 땅이 솟아오르자 침식 작용이 아래쪽으로 더 강하게 작용한 거야. 강물은 바닥이 바다와 같은 높이가 될 때까지 깎아 내려는 성질이 있거든. 그런데 땅이 솟아올라 바다가 낮아지니까 바닥을 더욱 깊이 파게 된 거지.

융기

강물이 바위를 뚫고 지나가기도 해. 강원도 태백에 가면 낙동강 상류에 구문소라는 곳이 있는데, 강물이 바위산에 높이 20~30m, 너비 30m 정도의 구멍을 뚫고 흐르는 것을 볼 수 있어. 처음에는 강물이 바위산에 부딪쳤다가 휘어서 흘러갔을 거야. 하지만 계속 그 바위에 부딪치다 보니 결국 구멍이 뚫린 거지. 물론 이 암벽이 물에 약한 석회암이라 가능했던 일이야. 물길이 바뀌자 바위를 뚫기 전에 원래 흐르던 물길은 맨땅이 되었고, 농경지로 이용되고 있어. 이렇게 원래는 하천이었다가 지금은 물이 흐르지 않고 흔적만 남아 있는 곳을 '구하도'라고 해. 옛날 물길이라는 뜻이야.

침식

••• 감입 곡류

••• 구문소

강물이 땅을 깎아 내며 흐르는데 서로 성질이 다른 암석이 섞여 있다면 당연히 약한 암석을 더 많이 깎아 내겠지. 약한 암석이 단단한 암석으로 둘러싸인 곳이라면 결국에는 안쪽이 움푹 파이고 그 주변에 단단한 암석만 남게 될 거야. 즉 산으로 둘러싸인 평지가 만들어지는 건데, 이런 땅을 '분지'라고 해. 분지는 특히 두 강이 합류하는 곳에 잘 발달하는데 그만큼 침식의 힘이 강해지기 때문이야.

우리나라는 편마암 사이로 화강암이 뚫고 들어온 지형이 곳곳에 있어. 이곳에 하천이 흐르면 화강암을 더 많이 침식시켜서 분지를 만들어. 화강암이 아주 약한 암석은 아니지만 편마암보다는 무르고, 일단 금이 가면 쉽게 부서지는 성질이 있거든. 소양강과 북한강이 합류하는 춘천, 남한강과 달천이 합류하는 충주, 낙동강이 흐르는 안동, 낙동강과 금호강이 합류하는 대구 등 우리나라 도시는 분지에 발달한 곳이 많아.

강물이 경사가 완만한 곳을 흐를 때는 속도가 느려지기 때문에 깎는 힘도 약해져서 약간의 장애물만 만나도 피해 가지. 그래서 강물이 구불구불 자유롭게 흐르고, 이때 물의 힘은 주로 옆으로 작용해. 하회 마을에서 본 것처럼 강물이 구부러져 흐르면 바깥쪽에서는 측방 침식이 일어나서 강폭이 넓어지고 강바닥도 깊어져. 안쪽에는 모래가 쌓이고 말이야. 물살이 좀 더 센 곳에서는 자갈이 쌓이기도 해. 강가에 물놀이를 가면 모래톱이나 자갈밭에 자리를 잡게 되는데, 자세히 보면 강의 구부러진 안쪽임을 알 수 있어.

강물은 흙과 모래를 끊임없이 운반하는데, 비가 많이 내려 물이 삽시간에 불어나면 많은 양을 한꺼번에 운반하게 돼. 그러다 강물이 넘치는 일이 종종 벌어지고, 그러면 모래와 흙도 함께 넘쳐서 강 주변에 쌓이게 되지.

강물이 범람할 때 무거운 자갈과 굵은 모래는 멀리 가지 못하고 가까운 곳에 쌓여서 제방처럼 높아져. 이것을 '자연 제방'이라고 하는데, 좁고 높게 쌓아올린 인공 제방과 달리 넓고 평평하기 때문에 눈으로 봐서 얼른 알아보기는 어려워. 지금 서울숲이 조성되어 있는 한강변의 뚝섬이 자연 제방이야.

　자연 제방은 지대가 높아서 홍수 위험이 적기 때문에 집터로 좋고, 굵은 모래와 자갈로 이루어져 물이 잘 빠지기 때문에 주로 밭이나 과수원으로 이용해.

　강에서 멀리 떨어진 곳에는 작고 미세한 모래와 점토가 쌓여 습지가 형성돼. 이것을 '배후 습지'라고 해. 지대가 낮아 물이 잘 안 빠지고 물에 쉽게 잠기기 때문에 대부분 논으로 이용되지. 서울 같은 대도시 주변에서는 이 배후 습지를 시가지로 개발하는 일이 많았어. 신사동, 반포동을 비롯해 미사리 등이 배후 습지야. 자연 제방과 배후 습지처럼 물과 토사가 범람해서 만들어진 땅을 '범람원'이라고 해.

　강물은 섬을 만들기도 해. 흐르는 속도가 느려지면 싣고 온 퇴적물을 내려놓게 되는데, 이 과정이 계속되면 강 한가운데 섬이 생기는 거야. 구불구불 흐르다가 물길이 바뀌면서 하천 가운데 섬이 생기는 수도 있어. 이런 섬을 물 가운데 있는 섬이라고 해서 '하중도'라고 해. 한강 하류에 있는 여의도, 밤섬, 노들섬 등이 하중도야.

한강 속의 섬 여의도와 밤섬

여의도는 한강물에 실려 온 토사가 쌓여 만들어진 섬이야. 고려 시대에는 말 사육장으로 이용되었고, 조선 시대에도 방목지로 이용되었어. 섬을 방목지로 쓰면 울타리를 치지 않고도 가축들을 일정한 공간에 가두어 키울 수 있지.

여의도에는 1960년대까지만 해도 모래톱이 넓게 발달해 있었고, 마포와의 사이를 흐르는 강이 지금보다 좁았어. 이때 여의도는 서울 시민들이 물놀이, 보트 놀이, 낚시 등을 즐기는 유원지로 이용되었지.

1960년대 후반부터 서울이 본격적으로 개발되면서 대형 토목 공사가 많이 벌어졌는데 이때 필요한 골재로 한강 모래를 퍼다 사용하면서 여의도의 모래들이 사라졌어. 그리고 여의도 역시 개발되기 시작했지.

여의도를 개발하려고 보니 먼저 수해에 대비할 시설이 필요했어.

여의도가 강 가운데 있는 데다 지대가 낮다 보니 곧잘 홍수에 휩쓸리곤 했거든. 수해를 방지하기 위해 섬을 빙 둘러 7km에 이르는 제방을 쌓았는데 둥글게 바퀴처럼 제방을 쌓았다고 해서 윤중제라고 했지. 그리고 그 위의 도로를 윤중로라고 부르다가 일본식 표현이라고 해서 여의로로 이름을 바꾸었어. 이 제방에는 벚나무들을 심어 놓아서 봄이 되면 벚꽃 세상이 되지.

여의도가 개발되면서 서울시청 옆에 있던 국회 의사당이 1975년 옮겨 왔고, 자연스럽게 각 정당의 당사들도 여의도에 자리를 잡았어. 이후 금융사들이 들어오면서 금융에 특화된 부도심으로 발달했지.

여의도에서 북쪽으로 조금 떨어진 곳에는 밤섬이 있어. 밤처럼 생겼다고 해서 붙은 이름이라는데 지금 모습을 봐서는 고개를 갸우뚱하게 되지.

조선 시대 밤섬에는 배를 만들던 사람들이 살았어. 1960년대까지도 수백 명이 살았다고 해. 그런데 여의도에 제방을 쌓을 때 필요한 골재를 밤섬을 폭파해서 얻었고, 이 때문에 섬에 살던 사람들은 대부분 강 건너편 마포로 옮겨 가야 했어.

밤섬은 폭파되어 거의 없어졌고 특히 중심부가 집중적으로 파괴되어 섬이 두 개로 나누어졌어. 그런데 시간이 흐르자 폭파되고 남은 잔해에 강물에 실려 온 토사가 다시 쌓였고, 나무와 풀이 우거지자

새들이 모여들기 시작했어. 밤섬은 도심 속의 철새 도래지가 되었고 1999년에는 생태계 보존 지역으로 지정되었지.

밤섬은 지금도 장마나 태풍 등 큰물이 지나가면 한 번씩 물에 잠기곤 해. 그리고 토사가 계속 쌓이면서 섬의 면적이 꾸준히 늘어나고 있어.

여의도 면적은 얼마일까

수치만으로는 가늠하기 힘들 정도로 넓은 면적을 알기 쉽게 표현할 때 '여의도 면적의 몇 배'라는 말을 쓰곤 해. 그렇다면 여의도 면적은 얼마일까? 제방 안쪽의 여의도 면적은 2.9km^2이고, 공원을 조성해 놓은 한강 둔치까지 포함하면 4.5km^2야. 행정 구역상 여의도동은 한강 바닥까지 포함하기 때문에 8.4km^2가 되지. 일반적으로 '여의도 면적의 몇 배'라는 표현에서 의미하는 면적은 제방 안쪽인 2.9km^2야.

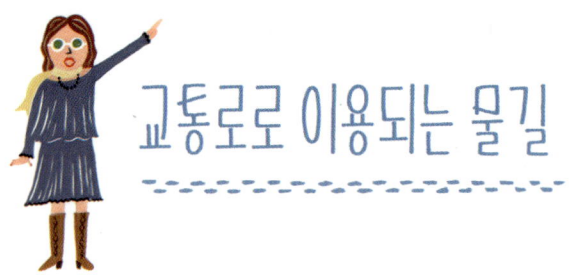

교통로로 이용되는 물길

　우리나라는 산이 곳곳을 가로막고 있어서 도로를 닦기 힘든 조건이야. 지금은 토목 기술이 발달해서 터널을 뚫고 높은 교각을 쌓으며 방방곡곡 길을 내지만, 기술이 부족했던 시대에는 아무래도 육상 교통이 힘들었어. 사람만 왕래한다면 산길을 걸어서 넘으면 되지만 물자를 수송하는 데에는 어려움이 따를 수밖에 없었지.

　물자를 운반할 때에는 강물을 따라 또 바닷길을 따라 가는 것이 훨씬 효율적이었어. 이렇게 물길을 이용해 사람이나 물자를 실어 나르는 것을 '수운'이라고 해.

　고려의 개성이나 조선의 한양처럼 수도를 큰 강 옆에 정했던 것은 수운을 이용하기 위해서였어. 수도는 각종 물자가 모여드는 곳인 데

"우리나라는 산이 많고 들이 좁아 마차가 다니기에 불편하다. …(중략)… 화물 운반에는 배를 이용하는 것이 유리하다."

다 세금을 곡식 같은 현물로 받았기 때문에 가까이에 배를 댈 수 있는 포구가 필요했던 거지.

각 지역에서 걷은 세곡(세금으로 바치는 곡식)은 포구 가까이에 설치한 창고에 모았다가 배에 실어 수도까지 운반했어.

곡창 지대인 전라도 지역에서 곡식을 실은 배들은 서해안을 끼고 한강 하구까지 온 다음 다시 한강을 거슬러 마포까지 들어갔어. 서해안의 하천들은 밀물 때 바닷물이 내륙 깊숙이까지 역류해 들어오니까 이때 배를 띄우면 되었지.

경상도 지역에서는 낙동강을 따라 상주까지 온 다음 여기에서 육로로 문경 새재를 넘어 충주까지 갔어. 충주에서부터는 남한강 물길을 이용하면 돼.

강원도나 충청도 같은 내륙에서는 남한강을 따라 한양까지 올 수 있었어. 강원도 태백에서 시작된 남한강은 정선, 영월, 충주, 단양 등의 지역을 연결했거든.

충주는 강원도, 충청도 내륙과 경상도를 아우르는 남한강 수운의 중심지였어. 충주의 목계 나루는 한강에서 마포 다음으로 큰 포구였는데 지금은 흔적만 간신히 남아 있지.

조선 후기에 상업이 발달하자 민간에서도 물자 유통이 활발해졌고 이때에도 수운이 큰 역할을 했어. 상인들은 포구와 포구를 연결하며 물자를 운반했고, 곳곳에 배가 정박할 수 있는 나루들이 번성했지. 바다에서 나는 각종 어물과 소금이 강을 통해 보다 원활하게 내륙으로 운반되었어.

수운이 내륙과 연결되는 지점의 포구는 특히 크게 번성했는데 한강의 마포, 금강의 강경, 영산강의 영산포 등이 그런 경우였어.

충남 논산의 강경읍은 조선 시대까지만 해도 평양, 대구와 함께 3대 시장으로 이름을 떨쳤던 곳이야. 강경은 금강 하구에서 직선거리로 35km쯤 되는 곳에 있는데 밀물 때는 바닷물이 60km까지 역류해 들어왔기 때문에 배가 강경은 물론 부여까지도 올라갔다고 해.

강경은 또 논산·익산·부안·김제로 이어지는 평야 지대의 길목에 있어서, 서해와 내륙 지방을 연결해 주는 역할을 했어. 강경에서는 금강 유역에서 나는 곡식, 서해안의 어물과 소금은 물론이고 동해안의 북어까지 거래되었다고 해.

1905년 경부선 철도가 개통되고 1914년 호남선 열차까지 개통되자 강경의 역할은 줄어들었고, 금강 하구에 토사가 쌓이면서 수심이 얕아지는 바람에 배가 다니기 어려워졌어. 더구나 1990년 금강 하굿둑까지 건설되자 강경은 모든 기능을 잃고 쇠퇴하게 돼.

전남 나주시의 영산포는 영산강 수운의 중심지로서 주변 지역의 산물들이 모이고 거래되는 곳이었어. 남해의 어물들이 영산포를 통해 내륙으로 실려 나갔는데 그 흔적이 잘 남아 있는 것이 홍어 거리야. 홍어가 주로 잡히는 흑산도는 육지에서 멀리 떨어진 섬이야. 냉장 시설이 없던 시절에 홍어를 내륙까지 운반하다 보니 자연스럽게 삭았는데, 특히 영산포에 이를 때쯤 맛이 제일 좋았다고 해. 그래서 흑산도 홍어가 영산포에서 명성을 떨치게 된 거지.

영산포에는 1970년대까지 고깃배가 드나들었지만 도로 교통이 발달하고 1981년 영산강 하굿둑까지 건설되면서 포구의 기능을 완전히 잃었어.

떼돈 벌다

강원도에서 나는 소나무는 질이 좋아 궁궐이나 관청 건물 등에 사용되었는데 이 지역의 목재를 한양까지 옮길 때는 남한강 물길을 이용했어. 뗏목으로 묶어 강물을 따라 오는 거야. 뗏목을 옮기는 일은 꽤 힘이 들고 급류를 만나면 목숨이 위험하기도 했지만 뗏목을 운반하고 받는 돈이 꽤 많았기 때문에 이 일을 하려는 사람이 많았다고 해. 어마어마하게 큰돈을 뜻하는 '떼돈'이라는 말은 이 뗏목 운반에서 비롯된 거야.

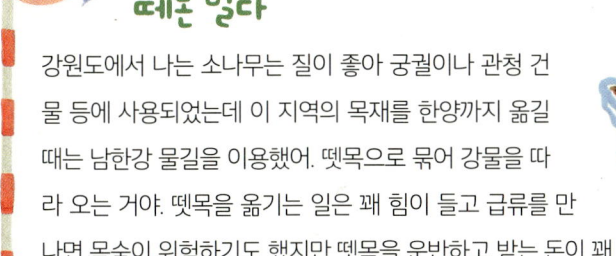

한강을 끼고 번성했던 마포 나루

조선 시대에 한강은 내륙 수운의 중심지로 곳곳에 큰 포구가 형성되었어. 한강에 있던 포구 중 가장 번성했던 곳은 마포야. 가장 큰 시장인 한양이 가깝고, 내륙에서 오는 배와 바다에서 들어오는 배가 모두 닿을 수 있는 포구였거든. 내륙에서는 강을 타고 하류로 내려오면 되었고 바다 쪽에서는 밀물 때 바닷물이 역류하는 현상을 이용해서 올라왔어.

애초에는 바닷물이 용산까지 밀고 올라왔어. 조선 초기까지는 용산이 으뜸가는 포구였고 그 근처에는 지방에서 올라온 세곡을 보관하는 창고가 설치되어 있었

지. 지금 수도권의 고속 도로 인근에 각종 물류 창고들이 들어서 있는 것과 같은 이치야. 하지만 갈수록 한강의 수위가 낮아지면서 바닷물이 용산까지 올라오지 못하자 배들이 마포에 정박하기 시작했어. 조선 후기에는 민간의 물자 유통까지 활발해지면서 서해안의 어물과 소금이 마포로 모였는데 해방 직후까지도 어선이 들어왔다고 해.

마포로 모이는 수산물 중 새우젓이 특히 유명했어. 서해안 각 지역에서 만든 새우젓이 마포로 모인 뒤 각지로 실려 갔는데, 남한강 유역인 영월과 북한강 유역인 춘천까지도 팔려갔다고 해. 마포 새우젓이 한강 유역의 거의 모든 지역에 공급된 거야. 새우젓을 내려놓은 배는 그 지역의 산물을 싣고 마포로 돌아왔어.

마포는 물자가 모이는 곳이면서 동시에 사람을 실어 강을 건네주는 나루이기도 했어. 마포에서 강을 건너면 여의도 백사장에 닿았고, 이 백사장을 지나 시흥·수원으로 길이 이어졌어.

마포처럼 한강에는 남쪽 지방으로 이동하는 사람을 건네주기 위한 나루가 곳곳에 생겨났어.

주요 도로가 지나는 지점에 광나루, 삼밭 나루(삼전도), 동작 나루, 노들 나루(노량진), 양화 나루 등이 설치되었지.

나루는 사람들이 모이는 곳이다 보니 자연스레 장이 서곤 했는데, 송파 나루는 시장의 기능이 특히 컸어. 상인들이 각 지방에서 들어오는 물품들을 한양으로 들어가기 전에 미리 사들이기 위해 큰 장을 벌였다고 해. 지금 중요 무형 문화재로 전승되고 있는 '송파산대놀이'는 바로 이 송파장을 기반으로 생활하던 사람들이 벌이던 놀이판이었어.

송파 나루는 서울과 경기도 광주를 잇는 중요한 나루로, 강 가운데 부리도라는 섬이 있었어. 부리도에는 나라에서 양잠을 장려하기 위해 조성한 잠실(누에 치는 곳)이 있었는데, 지금도 사용되는 잠실이라는 지명은 여기에서 비롯된 거야. 1960년대 말 일대를 개발하기 위해 섬과 강 사이를 메워 잠실을 육지로 만들었고, 강의 일부는 석촌 호수로 남아 있지.

1970년대 이후 한강에 많은 다리들이 놓이면서 나루는 기능을 잃게 돼. 그런데 다리가 놓인 곳을 보면 대부분 조선 시대 나루가 있었던 곳임을 알 수 있어. 광나루에는 광진교와 천호 대교, 삼밭 나루에는 잠실 대교가 놓이는 식으로 말이야. 나루건 다리건 한강 남북을 연결하는 교통로의 역할이 가장 큰 곳에 설치하기 때문이겠지.

물을 가두는 댐과 호수가 된 강들

우리나라 하천은 유량이 불안정해. 가물 때는 바닥이 드러났다가 여름철 폭우에는 홍수가 나기도 해. 비가 한철에 몰려서 내리는 바람에 쓰지도 못하고 흘려 버리는 물이 너무 많은 거야. 이 물을 보관했다가 비가 내리지 않을 때 쓰면 좋지 않을까? 그런 목적을 위해 만든 것이 강에 둑을 쌓아 물을 모아 두는 '댐'이야.

강 중간에 둑을 쌓으면 거대한 호수가 생겨. 소양호, 팔당호, 대청호 등은 댐 건설로 생긴 호수들이야. 비가 많이 내려도 호수에 많은 물을 가둘 수 있으니 어느 정도 홍수를 막을 수 있어. 댐에 가둔 물은 각종 용수로 사용돼. 인근 도시의 상수도원으로 쓸 수 있고 농업용수나 공업용수로도 쓸 수 있어.

댐에 가두어 둔 물을 이용할 수 있으니 비가 오지 않을 때에도 안정적으로 생활용수를 공급할 수 있어. 댐을 이용하면 큰비가 오거나 가물거나 하는 날씨의 영향에서 어느 정도 벗어날 수 있지.

댐은 수력 발전에 이용되기도 해. 높은 댐 위에서 떨어지는 물의 힘으로 발전기를 돌리는 거지.

댐은 보통 깊은 골짜기를 막아서 만들기 때문에 주변 경치가 아름다워서 관광지로 개발된 곳이 많아.

댐 중에는 홍수 조절이나 농업용수 공급 등 특정한 목적을 위해 만든 것도 있지만 대개는 다목적으로 건설을 해. 이런 댐은 홍수 조절, 수력 발전, 상수도원, 농업용수, 공업용수 등의 여러 목적으로 사용된다고 해서 '다목적 댐'이라고 해.

우리나라에서 최초로 건설된 다목적 댐은 1965년에 준공된 섬진강 댐이야. 이전에도 댐이 있었지만 주로 농업용수를 공급하기 위한 것이었어.

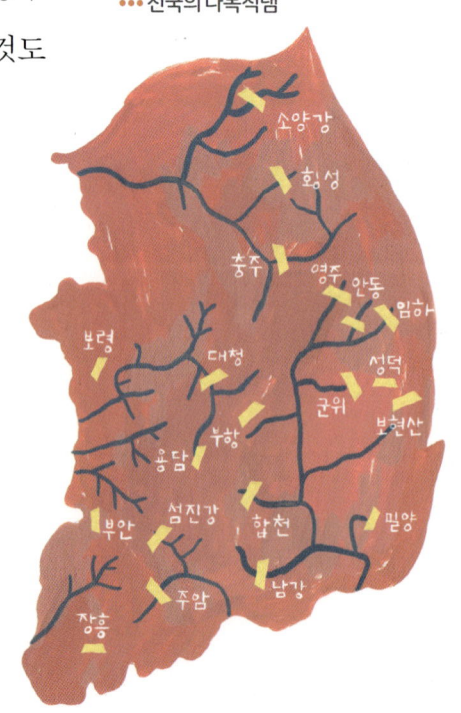

••• 전국의 다목적댐

섬진강 댐의 물은 먼저 발전용수로 사용한 뒤 동진강 쪽으로 보내서 호남평야의 농업용수로 사용되고 있어. 호남평야에 만경강과 동진강이 있지만 농경지에 비해 규모가 작아서 전 지역에 물을 공급할 수 없기 때문에 섬진강 댐의 물을 동진강 쪽으로 돌리는 거야.

섬진강 댐을 비롯해 북한강 상류의 소양강 댐·의암 댐·춘천 댐·화천 댐, 남한강의 충주 댐, 금강의 대청 댐, 낙동강의 안동 댐 등 중요한 강에는 모두 댐이 건설되어 있어.

댐이 주는 이점만큼이나 문제점도 지적되고 있어. 댐을 만들어 물을 가두면 넓은 지역이 물에 잠기게 돼. 주변의 생태계가 파괴될 것은 뻔한 일이고, 환경은 한번 파괴되면 복원이 어렵다는 게 문제가 되고 있어. 자신이 살던 마을이, 고향이 물에 잠겨서 타지로 떠나야 하는 사람들의 심리적 박탈감도 무시할 수 없고 말이야. 또 댐을 만들면 거대한 호수가 생기는데, 이로 인해 주변 지역에 안개가 자주 끼고 습도가 높아지는 등 기후도 영향을 받게 돼.

댐이 흐르는 물을 억지로 막으니까 댐 위쪽으로는 토사가 쌓이게 되고, 하류 쪽으로는 물이 별로 흐르지 않아 오염이 심해지기도 해. 댐이 오히려 홍수를 일으킬 수도 있어. 저수량이 한계에 이르면 수문을 열어 물을 내보낼 수밖에 없는데 그러면 하류에서는 홍수가 날 위험이 커지는 거지. 특히 밀물 때와 일치하는 경우에는 홍수 위험이 더욱 높아져.

　지금도 집중 호우가 쏟아지거나 가뭄이 들면 그 대책으로 댐을 더 지어야 한다고 주장하는 사람들이 있는데, 무조건 댐부터 지을 게 아니라 장기적인 시각에서 대책을 세워야 한다는 목소리도 높아지고 있어.

호반의 도시로 불리는 춘천

춘천은 소양강이 북한강으로 흘러드는 지점에 자리한 분지 도시야. 주변이 온통 산지로 둘러싸여 있어 산악 도시라 불러도 손색이 없을 정도지. 산이 깊고 개울이 많아 봄이 오는 기운을 잘 느낄 수 있다고 해서 '봄내'라고 했는데 이것을 한자로 표기한 것이 '춘천(春川)'이야.

춘천은 흔히 호반의 도시로 불려. 호반이란 호숫가를 말해. 도시 안에 의암호라는 거대한 호수가 있는데 이 호수는 자연 호수가 아니라 댐을 만들면서 생긴 거야.

의암댐은 높이 23m에 제방 길이가 273m로 1967년에 준공되었어. 총저수 용량이 8000만t에 시설 발전 용량은 45000kW라는군.

의암호 안에 있는 중도는 오토 캠핑장 등을 갖춘 유원지로 개발되었는데, 댐 건설로 주위가 물에 잠기면서 섬으로 남은 곳이야. 댐 건설로 생긴 호수에는 강물의 퇴적 작용으로 만들어진 여의도나 밤섬과는 달리, 주변이 물에 잠기는 바람에 섬이 된 곳이 많아. 드라마 촬영지로 소개되면서 유명해진 남이섬 역시 댐 건설로 생겨난 섬이야. 원래는 홍수 때에만 한 번씩 섬이 되곤 했는데 청평댐이 생기면서 완전한 섬이 되었어.

춘천에는 의암호뿐만 아니라 춘천 댐과 소양강 댐으로 인해 만들어진 호수도 있어.

춘천 댐은 의암 댐보다 2년 앞선 1965년 준공된 댐으로 시내에서 북서쪽으로 12km쯤 올라간 북한강 협곡에 있어.

소양강 댐은 1973년 준공되었는데 높이 123m에 제방 길이가 530m에 이르는 대규모 댐이야. 이 댐으로 만들어진 소양호는 춘천시·양구군·인제군에 걸친 최대의 인공 호수로, 저수량이 27억t쯤 돼. 소양강 댐은 우리나라 최초의 사력 댐으로 동양 최대의 규모를 자랑하며 한때 경제 발전의 상징이었어. 사력 댐은 콘크리트가 아니라 암석을 주재료로 써서 건설한 댐인데, 강의 바닥이 무거운 콘크리트 댐을 견디기 어려울 때 이 공법을 사용해.

강원도청이 있는 춘천은 영서 지방의 교육·행정·문화 중심지 역할을 하고 있어. 호반의 도시답게 낚시, 보트, 윈드서핑

등의 레저가 발달했고 주변에 산이 많아 등산객들도 많이 찾아와. 게다가 수도권과의 교통까지 좋아지면서 방문객이 부쩍 늘었어. 2009년엔 서울까지 고속 도로가 놓였고, 2010년에는 복선 전철이 개통되어 전철을 타고 서울을 오갈 수 있게 되었어. 2012년에는 최대 시속 180km로 달리는 준고속 열차인 ITX청춘이 개통되었지.

이렇게 교통이 발달하면 도시가 더 발달할 것 같은데 반대 현상도 나타난다는 거 아니? 직장이나 학교 때문에 춘천에 살던 사람들이 교통이 편해지니까 굳이 춘천에 머물 필요가 없어졌고, 외려 춘천 시민들이 수도권으로 쇼핑을 가고 학원을 다니는 거야. 교통 발달이 지방 도시를 발전시키는 게 아니라 외려 대도시 쏠림 현상을 키우는 거지.

춘천에만 있는 옥 광산

춘천에는 우리나라의 유일한 옥 광산이 있어. 옥은 예로부터 금과 함께 공예품과 장신구에 많이 이용되었어. 옥이 난다는 것은 그곳이 아주 오래전에는 바닷속 땅이었다는 것을 뜻해. 석회암이 땅속 깊은 곳에서 열과 압력을 받으면 대리석이 되고 이것이 다시 오랜 세월 열과 압력을 받으면 옥이 되는데, 석회암은 바닷속 동물의 뼈나 껍질이 쌓여 만들어지거든. 춘천에 매장되어 있는 옥은 매년 150t씩 캐도 1000년은 캘 수 있는 정도의 양이라고 해.

평평하게 펼쳐진 **평야** 둘러보기

평야는 어떻게 만들어질까

사람들이 살기에는 평야가 좋아. 땅이 평평해야 농사짓기 좋고 집을 짓기에도 좋잖아. 또 길을 쉽게 낼 수 있으니 교통 발달에도 유리해. 그런데 우리나라에는 산지가 더 많아. 산지와 산지 사이에, 또 큰 하천 주변에 너른 들이 펼쳐진 경우는 있지만 광활하게 펼쳐지는 평야는 보기 힘들지.

평야는 크게 침식 평야와 퇴적 평야로 구분해. 침식 평야는 오랜 시간 땅 표면이 풍화와 침식에 의해 평평해진 땅이고, 퇴적 평야는 흙과 모래가 쌓여서 평평해진 땅이야. 겉으로 보기에는 둘 다 평평한 땅이지만 만들어진 원리는 정반대인 셈이지.

침식을 일으키는 원인으로는 비, 바람, 강물 등이 있어. 땅이 풍화와 침식을 받다 보면 쉽게 깎여 나가는 부분도 있고 상대적으로 단단해서 덜 깎이는 부분도 있어. 그래서 침식 평야에는 울퉁불퉁 언덕과 바위들이 남아 있어. 그리고 깎아 내서 만든 땅이다 보니 토양의 두께가 얇은 것이 특징이지. 침식 평야는 대부분 임야·밭·과수원·목장 등으로 이용되고 있어.

　퇴적 평야는 큰 하천 주변에 발달해. 홍수가 나서 강물이 넘칠 때 토사가 함께 넘쳐서 쌓이는 '범람원', 급경사를 흐르던 하천이 갑자기 완만한 땅을 만나는 곳에 형성되는 '선상지', 하천에 실려 온 토사가 하구에 쌓여서 만들어지는 '삼각주' 등이 퇴적 평야에 속해. 우리나라 큰 하천 주변에 있는 평야는 대부분 범람원이고 선상지나 삼각주는 발달이 미약한 편이야. 강물에 의해 만들어진 퇴적 평야를 '충적 평야'로 따로 구분하기도 해.

　퇴적은 바닷물에 의해서도 일어나. 해안선을 따라 흐르는 바닷물에 실려 있던 토사가 퇴적되어 갯벌을 형성하고, 이 땅이 점점 육지화되는 거야. 우리나라에서는 볼 수 없지만 빙하가 흘러내릴 때 함께 운반된 토사가 쌓여서 만들어지는 평야도 있어.

　침식과 퇴적은 동시에 일어나기 때문에 무 자르듯 명쾌하게 구분하기는 힘들어. 강물이 흐를 때 토사를 운반해 퇴적 작용을 하는 한편으로 물살의 힘으로 땅을 깎아 내는 작용도 함께하기 때문이야.

호남평야가 품은 도시 김제

전북 김제시에서 가을마다 열리는 지역 축제 이름은 '지평선 축제'야. 지평선이 보일 만큼 넓은 평야에서 개최되는 축제지. 김제 일대는 해발 고도가 5m 내외로 매우 낮고 전체 면적의 절반을 논이 차지하고 있어. 광활면처럼 언덕 하나 없이 벌판으로만 이루어진 곳도 있는데, 원래 갯벌이었던 곳을 간척해서 만든 땅이라 그래.

김제가 자리하고 있는 곳은 우리나라 최대의 평야인 호남평야야. 김제를 비롯해 전주, 익산, 정읍, 군산, 완주, 부완, 고창 등 전북의 주요 도시들이 호남평야를 배경으로 하고 있지. 전북평야 또는 전주평야라고도 불리는 호남평야는 만경강 유역의 만경평야와 동진강 유역의 김제평야로 구분되기도 해.

김제에는 우리나라에서 가장 오래된 농업 관개 시설인 벽골제가 남아 있어. 일직선으로 뻗은 3km 길이의 제방과 수문터 3곳이 남아 있고, 수문터에는 거대한 돌기둥이 우뚝 서 있지. 조선 시대 기록을 보면 원래는 수문이 5개였다고 해.

벽골제는 백제 비류왕 때 축조된 것으로 전해지고 통일 신라와 고려 때에 중수했다는 기록이 있어. 조선 태종 때에도 중수했지만 결국 세종 때 허물어졌다고 해.

벽골제는 일제 강점기 때 원형이 많이 훼손되었어. 호남평야에 물을 대기 위해 관개 수로를 정비할 때 제방 가운데를 파서 수로를 만든 거야. 이 일로 제방이 둘로 갈라지고 수문도 사라져 버렸지.

우리는 흔히 벽골제를 삼국 시대에 축조된 저수지라고 알고 있는데, 그렇게 보기에는 의문점도 있어. 벽골제의 제방 길이가 3km나 되는데 이 정도 규모의 저수지에 물을 채울 수 있는 하천이 없다는 거야. 설사 그런 하천이 있다 치더라도 제방 안에 물을 채운다면 농경지 대부분이 물에 잠기게 된대. 그래서 벽골제가 방조제 역할을 했을 거라고 보는 의견도 있어. 축조 당시에는 벽골제가 평야의 서쪽 끝에 있었고 갯벌 바로 앞이었다는 거지. 간척 사업으로 지금은 평야가 벽골제보다 훨씬 서쪽으로 확장되었지만 말이야. 그런데 바닷물을 막기 위한 것이라고 보기에는 둑이 지나치게 높고 수문이 너무 크다는 게 또 의문이야. 백제 때 이미 이런 제방을 쌓을 만큼 기술이 뛰어났다는 것은 감탄할 만하지만 정확한 용도를 알아내는 일도 필요할 것 같아.

삼각주는 어떤 곳에 만들어질까

강물의 퇴적 작용으로 만들어지는 평야는 위치에 따라 선상지, 범람원, 삼각주로 나뉜다고 한 거 기억나지?

먼저 선상지는 하천 중상류에 생성돼. 하천이 급경사 산지를 흐르다 갑자기 완만한 곳을 만나면 싣고 오던 자갈과 토사를 내려놓게 되는데, 점점 넓게 퍼지면서 퇴적되기 때문에 꼭 부채처럼 생긴 땅이 만들어져. 그래서 '부채 모양 땅'이라는 뜻으로 선상지라고 하지.

선상지는 가파른 산지와 완만한 땅이 만나는 곳에 만들어지는 지형이야. 우리나라는 산들이 완만하고 산세가 급하게 변하는 곳이 드물기 때문에 선상지가 별로 발달하지 않았어. 경남 사천의 와룡산 기슭과 전남 구례의 지리산 기슭 화엄사 일대가 선상지에 해당돼.

범람원에 대해서는 하천에 대해 이야기할 때 알아봤지?

삼각주는 강이 바다로 들어가는 어귀에 형성돼. 하늘에서 본 전체적인 모습이 삼각형이라 삼각주라고 하는데, 정말로 삼각형만 있는 건 아니고 손가락 모양, 은행잎 모양 등 다양한 형태가 있어.

삼각주가 만들어지려면 하천에 토사가 실려 오는 것도 중요한 조건이지만 조수 간만의 차이도 큰 영향을 미쳐. 아무리 하천에 실려 온

삼각주를 영어로 '델타'라고 해. 그리스 어 네 번째 글자인 델타(Δ)처럼 생겼거든.

토사가 많아도 바닷물에 쓸려가 버리면 소용없잖아. 그러니까 많은 퇴적물을 실어 오는 큰 강의 하구이면서 밀물 썰물의 차이가 적은 곳이어야 삼각주가 만들어지는 거지.

우리나라 동해안은 하천 길이가 짧아서 공급되는 토사가 얼마 안 되는 데다 파도가 많이 치고 물이 깊어서 삼각주가 발달하기 힘든 조건이야. 서해안은 하천에 실려 온 토사는 많지만 조수 간만의 차이가 커서 대부분 쓸려가 버려. 서해안은 삼각주 대신 갯벌이 크게 발달해 있어. 삼각주와 갯벌은 둘 다 강과 바다가 만나는 지점에 형성되는데, 삼각주는 강에 실려 온 토사가 퇴적된 것이고 갯벌은 바닷물에 실려 온 토사가 퇴적되었다는 점에서 달라.

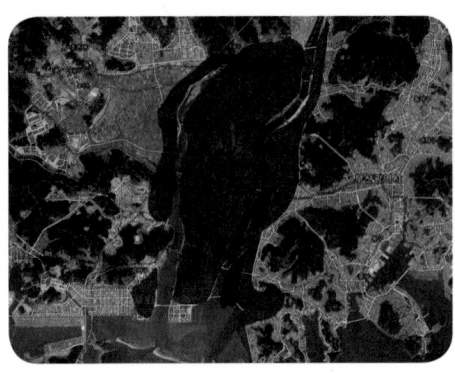
••• 낙동강 삼각주

남해안은 서해안보다는 조수 간만의 차가 적고 주변에 많은 섬과 곶이 발달해 있어서 조류의 영향을 덜 받아. 이런 조건이 맞아서 낙동강 하구에 삼각주가 형성된 거야.

김해평야를 이루는 낙동강 삼각주

　김해평야의 대부분을 차지하는 낙동강 삼각주는 1만 년 넘게 낙동강이 운반해 온 토사가 쌓여서 만들어진 땅이야. 부산광역시 강서구와 김해시에 걸쳐 있고 낙동강이 흐르는 방향을 따라 남북 25km에 동서 15km 규모로 길게 형성되어 있지. 강원도 태백에서 시작된 낙동강이 먼 거리를 흘러오면서 엄청난 양의 토사를 실어 왔고, 이 퇴적물들을 쓸어가 버릴 만큼 조수의 영향이 센 것도 아니어서 삼각주가 형성된 것이지.

　낙동강 삼각주는 강 하구에 만들어진 여러 개의 섬으로 이루어졌고 그 사이에 샛강들이 복잡하게 얽혀 있어. 원래 낙동강 줄기는 하나였는데 곳곳에 섬이 생기다 보니 여러 줄기로 갈라져 흐르게 된 거야. 낙동강이 퇴적을 계속 하는 사이 대저도, 맥도, 명지도(명호도), 덕도, 을숙도 등의 섬들이 만들어지고 서로 합쳐지고 있어.

　대저도와 명지도에는 조선 시대부터 사람들이 거주했다는 기록이 있어. 성종 때 기록을 보면 대저도에 주민 410명이 농사를 지으며 살았다 하고, 영조 때 기록에는 명지도에 제염업이 크게 발달했다는 내용이 있어. 이때 제염업이라는 것은 바닷물을 끓여 소금을 만든 거야. 대저도와 명지도는 김정호가 만든 대동여지도에도 등장하는데, 명지도에는 소금 만드는 일이 활발하다고 되어 있어.

을숙도는 한때 동양 최대의 철새 도래지였던 곳이야. 민물과 바닷물이 만나는 넓은 땅에 먹이가 풍부해 해마다 수십만 마리 철새들이 찾아오곤 했어. 그런데 1987년 섬을 동서로 가로지르는 길이 2.4km의 하굿둑이 건설되면서 섬의 절반 가량이 물에 잠겨 버렸어. 하굿둑에 막혀 상류부터 흘러온 토사가 바다로 나가지 못해 강바닥이 높아졌고, 상류에서 흘러드는 폐수도 빠져나가지 못해 오염이 심각해졌지.

김해평야처럼 강 하구에 있는 평야는 농지로 안성맞춤이야. 김해평야에서는 비닐하우스를 이용한 원예 농업이 주를 이루고 있어. 기후가 온난해 농사짓기에 좋고 대도시 부산이 배후에 있어 판매에도 유리하지. 또 경부 고속 도로와 공항 등을 이용하면 수도권으로까지 시장을 확장할 수 있어. 지금은 공업 단지와 신도시들이 속속 건설되면서 농지가 점점 줄어들고 새로운 모습으로 변하고 있어.

화산 활동으로 생겨난 평야

평야 중에는 화산 활동으로 만들어진 곳도 있어.

화산이라고 하면 흔히 공중으로 불을 뿜으며 폭발하는 모습을 떠올리게 되지? 하지만 화산 활동이라고 다 격렬한 것은 아니고, 땅의 벌어진 틈으로 용암이 흘러나오는 유형도 있어. 이 용암이 흘러가면서 땅을 평탄하게 만드는 거지.

원래 평탄한 땅이었다면 그 위를 덮으며 새로운 평원을 만들고, 울퉁불퉁 산과 골짜기가 있던 땅이라면 골짜기를 메우며 고원을 만들어. 이렇게 용암이 흘러가면서 만든 땅을 '용암 대지'라고 해.

세계에서 가장 넓은 용암 대지는 목화 생산지로 유명한 인도의 데칸 고원인데 한반도 면적의 2배가 넘어. 데칸 고원을 비롯해 세계의

••• 용암 대지 형성 과정

용암 대지를 이루는 암석은 대부분 현무암이야. 용암이 빠르게 흘러가며 땅을 평탄하게 만들 정도라면 점성이 무척 작다는 건데, 이렇게 점성이 작은 용암이 굳으면 현무암이 되거든.

우리나라의 용암 대지는 신생대 4기에 화산 활동으로 만들어졌어. 한반도의 지붕으로 불리는 '개마 고원'이 대표적인 용암 대지이고 백두산 일대에도 용암 대지가 있어. 백두 용암 대지는 백두산과 일대의 화산에서 분출된 용암으로 덮인 땅인데 두께가 500~600m에 달한다고 해.

남한에서는 철원평야가 용암 대지로 이루어져 있어. 호남평야 같은 곳과 비교할 수는 없겠지만 산투성이인 강원도에서 드물게 볼 수 있는 평야야.

철원의 용암 대지는 현재 북한 땅인 평강과 연결되어 있어. 평강 오리산에서 시작된 용암이 철원을 지나 한탄강을 따라 흘러

내린 다음 임진강 하류까지 흘러간 거야. 용암이 골짜기를 덮으며 흘러내리는데 철원 지방은 골짜기가 넓다 보니 평야가 만들어진 거지. 철원을 지나는 용암 대지 전체의 크기는 길이 96km에 두께는 200~500m 정도라고 해.

철원의 용암 대지는 단번에 만들어진 것이 아니라 용암이 여러 차례 분출하며 뒤덮인 거야. 이 지역의 암석을 측정해 보면 70만 년 전에 분출한 것도 있고 30~10만 년 전에 분출한 것도 있어. 현무암이 켜켜이 쌓인 흔적을 보건대 11차례나 분출한 곳도 있다는군.

재인폭포는 평평한 용암 대지 중 일부가 움푹 내려앉아 계곡이 생기면서 만들어졌어.

••• 철원평야(용암 대지)　　　••• 재인폭포

화산 활동의 흔적을 볼 수 있는 철원평야

철원평야는 강원도에서는 보기 드물게 평평한 땅이고 임진강 지류인 한탄강이 그 한가운데를 흐르고 있어. 농사짓기에 딱 좋은 조건인 것 같은데, 문제는 이 강이 들판보다 30m나 깊은 곳을 흐른다는 거야. 지금은 곳곳에 지하수를 뽑아 올리는 관정이 뚫려 있고 강물을 끌어 올리는 양수 시설이 되어 있지만 이런 시설을 이용하기 전에는 한탄강 물을 이용하기 힘들었을 거야.

한탄강이 흐르는 길을 보면 칼로 땅을 파낸 듯 깊게 파여 있고 강

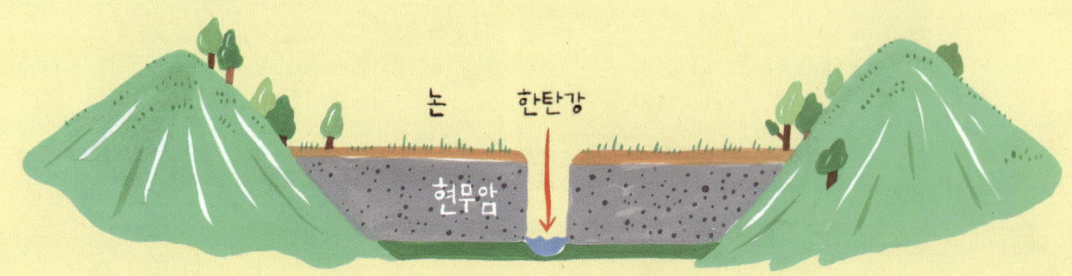

변의 수직 절벽에는 주상 절리가 발달해 있어. 그리고 그 위쪽에 평탄한 용암 대지가 펼쳐져 있지.

한탄강은 물살이 매우 빠르고 곳곳에 폭포, 여울, 계곡이 발달해 있어 여름철 수상 레포츠를 즐기는 사람들에게 인기 있어. 한탄이라는 강 이름도 큰 여울이 많다는 뜻이야.

한탄이라는 이름에 관해 후삼국 시기 후고구려를 세웠던 궁예와 관련된 이야기가 전해지기도 해. 궁예가 나라 이름을 태봉으로 바꾸고 철원으로 도읍을 옮겼는데 강가에서 구멍 뚫린 돌을 발견했어. 자기가 도읍을 정한 곳의 바위가 모두 좀먹은 것을 보니 곧 나라가 망할 징조라며 궁예가 크게 한탄을 해서 한탄강이 됐다나. 궁예를 슬픔에 빠뜨린 돌이 무엇인지 알겠지? 바로 현무암이야. 강변에 구멍 뚫린 검은색 돌들이 널려 있으니 이상한 징조로 해석했던 거야.

철원평야는 우리나라의 대표적인 겨울 철새 도래지이기도 해. 철원평야에서 가을 추수가 끝난 뒤 떨어진 낟알은 새들에게 중요한 먹이가 되고, 천통리에는 겨울에도 얼지 않는 따뜻한 물이 솟는 샘이 있어서 마실 물도 넉넉해. 무엇보다 자연이 잘 보존된 비무장 지대가 있어 새들에게는 더할 나위 없는 보금자리이지. 쇠기러기가 주로 많고 독수리·흰꼬리수리·검독수리 등 수리 종류도 많이 찾아와. 두루미와 재두루미도 철원평야를 찾는 귀한 겨울 철새야.

드넓은 바다 향해 나아가기

해안선이 단순한 동해, 복잡한 서해와 남해

　한반도라는 말에서 알 수 있듯이 우리나라는 대륙과 붙어 있는 북쪽을 빼고 나머지 세 면이 바다와 접해 있어. 동해·서해·남해는 저마다 다른 모습과 특징을 보여 줘.

　우선 동해안은 해안선이 단조로워. 육지에서 바다로 튀어나간 땅이나 반대로 바다가 육지 쪽으로 들어온 곳이 별로 없어. 해안선이 곧게 뻗어 있으니까 도로를 놓기에 유리하고, 실제로 부산에서 강원도 북부 휴전선 근처까지 놓인 도로를 따라 달리다 보면 곳곳에서 바다를 볼 수 있어.

　동해의 해안선이 단조로운 것은 가까운 거리에 있는 태백산맥이 바다와 나란하게 솟아올라 있기 때문이야. 동해처럼 지반이 융기하거나 해수면이 낮아지면서 모양이 단순해진 해안선을 '이수 해안'이라고 해.

큰 산줄기가 가까이 있다 보니 동해까지 이르는 땅은 경사가 급하고 면적도 좁아. 그래서 동해로 흐르는 하천은 길이가 짧

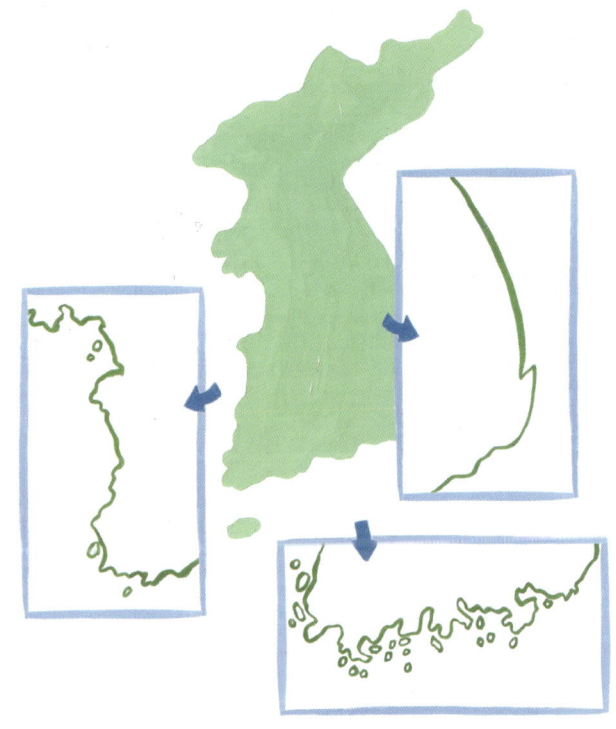

고 기울기도 큰 편이지. 또 산의 가파른 기울기가 바다 밑까지 이어져 수심이 깊어. 동해에서는 바다 쪽으로 몇 발자국만 걸어 들어가도 물이 턱까지 차오르는 일이 많아서 조심해야 해. 해수욕장이 발달하기에는 불리한 조건인 거지.

동해는 해안선이 단조로워서 파도가 육지에 직접 부딪치기 때문에 항구를 만드는 데도 불리해. 방파제는 이런 불리한 조건을 해결하는 시설이지.

서해는 동해와 달리 해안선이 들쭉날쭉 복잡한 모양을 하고 있어.

남해는 해안선이 더 복잡하고 섬도 많아. 서해와 남해의 해안선이 어찌나 구불구불하고 섬이 많은지 한반도 해안선 길이를 모두 더하면 적도 길이의 반에 가깝다고 해.

서해·남해는 동해와 달리 해수면이 높아져서 복잡해진 '침수 해안'이야. 바다 쪽으로 뻗어 있던 산줄기 사이사이에 물이 차면서 곶과 만이 만들어지고 높은 곳은 섬이 되었어. 그러니 해안선이 복잡할 수밖에 없는데, 이렇게 복잡한 해안선을 '리아스식 해안'이라고 해. 스페인 북서부의 리아스 해안을 닮았다고 해서 붙은 이름이야.

서해의 가장 큰 특징은 '대륙붕'이 발달했고 조수 간만의 차가 크다는 거야.

대륙붕이란 육지와 가까운 곳에 있는 넓고 평탄한 땅으로 보통 수심 200m 이내의 얕은 곳을 말해. 서해에서는 한참을 걸어 나가도 수심이 그대로인 곳이 많아. 서해의 대륙붕은 넓은 정도가 아니라 아예 전 바다가 대륙붕으로 되어 있을 정도거든. 경사가 급하게 기울어지는 동해에는 대륙붕이 조금밖에 없어. 우리나라 주변의 대륙붕은 약 68만km^2로 전 국토 면적의 3배 정도야. 대륙붕은 육지의 연장으로 여겨지는데, 퇴적물 속에 광물 자원이 묻혀 있거나 석유·천연가스 등이 매장되어 있기도 해.

조수 간만의 차가 크다는 것은 밀물일 때의 바다 높이와 썰물일 때의 바다 높이가 크게 다르다는 거야. 서해안에서는 그 차이가 3~9m나 돼. 이 차이가 클수록 조류(밀물과 썰물 때문에 일어나는 바닷물의 흐름)의 속도가 빨라지는데 특히 수심이 얕은 곳일수록 영향을 크게 받아.

서해처럼 해안선의 드나듦이 복잡한 곳은 파도와 바람을 피하기 좋아서 항구 발달에 유리하지만, 조수 간만의 차이가 크다는 것이 큰 방해 요소가 돼. 갯벌이 넓게 발달했다는 것도 항구 발달에 불리한 조건이야.

서해는 바닷물이 누런색을 띤다고 해서 황해라고도 해. 중국의 황

대륙붕

허에 실려 온 토사가 바다로 유입돼서 그런 건데, 이 토사들은 황허가 황토 고원을 지나오는 동안 쓸려 들어온 거야. 토사의 양이 워낙 많다 보니 황허는 내내 흙탕물 상태인데, 이게 바다에까지 영향을 미치는 거지.

남해는 조수 간만의 차이나 갯벌의 발달 정도가 동해와 서해의 중간 정도야. 해안선은 서해안보다 더 복잡하고, 2300개가 넘는 섬이 있어. 우리나라 전체 섬의 70% 가까이가 남해에 있는 거야. 그래서 섬이 많은 바다라는 뜻으로 '다도해'라고 불러.

남해안에는 모래 해안이 드문데, 많은 모래를 공급해 줄 큰 강이 없기 때문이야. 대신 자갈 해안이 곳곳에 발달했어. 해안 절벽에서 떨어져 나간 암석이 파도에 의해 서로 부딪치면서 깨지고 닳아 둥근 자갈이 된 거야. 전남 완도의 구계등, 경남 거제의 학동 해수욕장 등이 자갈 해변으로 유명해.

••• 자갈 해안 모습

남해는 크고 작은 만이 발달해서 항구를 만들기에 좋은 조건이야. 부산, 마산, 여수 등의 항구 도시들이 발달해 있지.

우리나라에서 섬이 가장 많은 신안군

　전라남도 신안군은 우리나라에서 유일하게 섬으로만 이루어진 군이야. 암태도, 비금도, 도초도, 임자도, 증도, 대흑산도, 홍도 등 880개의 섬이 있고 이 중 91개 섬에 사람이 살아. 우리나라 섬의 4개 중 1개는 신안군에 속해 있는 거야.

　임자도에는 우리나라에서 가장 긴 모래사장이 있어. 섬의 서북쪽 해안에 있는 대광 해수욕장인데, 길이가 12km에 이르고 폭은 300m가 넘지. 모래사장 곳곳에는 모래가 바람에 날려서 쌓인 모래 언덕이 발달해 있어. 그런데 임자도에서 대광 해수욕장처럼 바다를 바라보는 쪽은 모래사장이 발달한 반면, 다른 섬들과 마주하는 쪽 해안에는 갯벌이 발달해 있어 대조적이야.

　임자도를 비롯해 증도, 자은도, 암태도 등 신안군의 섬들은 대체로 가까이 모여 있어. 바다에서 밀려오는 거센 물결을 섬들이 막아 주니까 그 안쪽은 잔잔해서 갯벌이 발달하기 좋아. 해안이 구불구불하고 조수 간만의 차가 크다는 것 또한 갯벌이 발달하기 좋은 조건이야.

신안군에서는 1980년대 중반부터 섬과 섬, 섬과 육지 사이에 다리를 놓는 '섬 잇기' 사업을 하고 있어. 섬들이 서로 가까이 모여 있어서 가능한 일이지.

흑산도와 홍도는 다른 섬들과 멀리 떨어져 있어. 목포에서 서남쪽으로 97km를 가야 닿을 수 있는 흑산도는 해안선을 따라 울창한 산림이 우거져 있고, 바다와 산이 푸르다 못해 검게 보인다고 해서 흑산이라는 이름을 얻었어.

홍도는 흑산도에서 다시 서쪽으로 22km 더 가는데 해 질 녘이면 섬 전체가 붉게 물든다고 해서 붉은 섬이라는 이름을 갖게 되었어. 홍갈색의 규암으로 이루어진 바위섬이라 섬 자체가 붉기도 해. 남북 길이가 6km밖에 안 되는 작은 섬이지만 남문바위·석화굴·만물상바위·독립문바위·거북바위·공작바위 등의 기암괴석과 깎아지른 절벽이 푸른 바다를 배경으로 멋진 자태를 뽐내고 있지. 희귀 식물인 풍란이 자생하고, 철새가

••• 해질녘 홍도의 모습

많이 찾아와. 우리나라를 찾는 철새의 70% 이상이 신안을 지나는데 특히 흑산도와 홍도를 많이 지나가지. 홍도는 섬 전체가 천연기념물 170호로 지정되어 있어.

가장 멀리 떨어져 있는 섬은 가거도로 흑산도에서 남서쪽으로 65km 떨어져 있어. 한반도에서 가장 서쪽에 있는 섬이기도 해.

신안군은 섬으로 이루어진 지역답게 수산물이 풍부한데 그중에서도 특히 유명한 것은 홍어야. 흑산도 인근에서 주로 잡히기 때문에 흔히 흑산도 홍어로 통해. 신선함을 생명으로 하는 다른 생선과 달리 홍어는 푹 삭혀서 먹는 것을 별미로 쳐.

신안군에는 천일염을 생산하는 곳이 많은데 전국 생산량의 반 이상이 신안군에서 생산될 정도야. 천일염이란 바닷물을 햇빛에 증발시켜 만드는 소금이야.

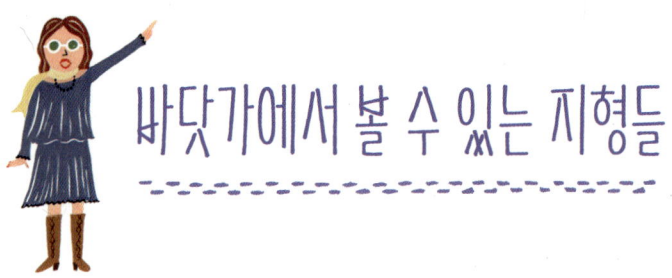
바닷가에서 볼 수 있는 지형들

육지와 바다가 만나는 지점에서는 어떤 지형들을 볼 수 있을까?

육지가 바다로 길게 돌출해서 삼면이 바다로 둘러싸인 땅을 '반도'라고 해. 우리나라를 가리키는 한반도라는 말은 익숙할 테지? 서해에는 태안반도, 동해에는 장기반도, 남해에는 고흥반도와 여수반도 등이 있어.

반도처럼 바다로 돌출되어 있는 땅 중에서 규모가 작은 것은 '곶'이라고 해. 반도의 끝부분을 곶이라고 하는 경우도 있어. 장기반도 끝에 튀어나온 부분을 호미곶이라고 하는 것처럼 말이야. 호미곶은 한반도에서 가장 먼저 해가 뜨는 곳으로 유명해. 장기반도는 장기곶으로 불리는 경우도 많아. 반도와 곶을 구분하는 정확한 기준이 없기 때문이야.

　반도나 곶과 달리 바다에서 육지 쪽으로 움푹 들어온 곳은 '만'이라고 해. 해안선이 들쑥날쑥한 서해안과 남해안에는 곳곳에 만이 발달해 있어. 만 안쪽은 파도의 영향을 덜 받아 물결이 잔잔하기 때문에 항구 발달에 유리해. 국가 산업 단지가 조성되어 있는 광양만, 갈대숲이 드넓게 펼쳐진 순천만이 유명해.

　육지와 육지 사이 혹은 육지와 섬 사이를 흐르는 좁은 바다는 '해협'이라고 해. 두 지역 사이에 가장 가까운 곳이라 교통로로 이용되기 좋지만 바닷물이 좁은 길을 지나다 보니 물살이 세다는 단점이 있어. 전라남도 해남과 진도 사이의 울돌목, 경기도 김포와 강화도 사이의 손돌목 등이 있어.

　바다라고 하면 새하얀 모래사장(사빈)이 생각나지 않아?

　이 모래들은 대개 하천에서 실려 온 것들이야. 내륙에서 오랜 시간 풍화된 화강암 조각이 운반돼 온 것이지. 모래사장은 특히 동해에 발달했어. 하천 길이가 짧다 보니 운반되는 물질이 곱게 부서질 시간이 부족했던 거야.

　서해안의 모래들은 입지가 고운 편인데, 서해로 들어오는 하천은 먼 거리를 오는 데다 하구에서 조류의 영향을 많이 받아 모래가 곱게 부서지기 때문이지. 미세한 점토질이 되어 펄을 형성하기도 해. 모래 입자가 고울수록 모래사장이 단단하게 다져지는데, 서해안의 모래사장 중에는 바닥이 단단해서 자동차가 달릴 수 있는 곳도 있어.

　바닷가 암석이 풍화되어 만들어진 모래도 있어. 파도에 부서진 암석 조각이 바닷물에 쓸려 나가기도 하고 밀려들어 오기도 하면서 쌓이는 거야.

　바닷가 모래는 바람이 불면 쉬이 날아가. 가볍다 보니 멀리 날아가기도 하지만 대개는 모래사장 뒤쪽에 쌓여 언덕을 이루는데, 이것을 '사구'라고 해. 사구가 생겨나기 시작하면 통보리사초, 개쇠보리 같은 풀들이 자라면서 모래가 쌓이는 것을 돕고, 어느 정도 규모가 커지면 나무도 자랄 수 있어. 바닷가에 보이는 소나무 숲은 이 사구에 자라는 것들이야.

　모래가 멀리까지 가지 못하고 바닷물에 실려 근처를 돌아다니다 파도가 잔잔한 만 입구에 둑처럼 쌓이기도 하는데 이것을 '사주'라고 해. 사주가 계속 발달하면 만을 막아서 호수가 만들어져. 이렇게 만들어진 호수를 '석호'라 하는데 경포호·영랑호·송지호 등 동해안에서 많이 볼 수 있어.

    육지와 섬 사이에 사주가 발달하면 섬과 육지를 연결하기도 해. 이런 사주를 '육계사주'라고 하는데 육계사주를 잘 볼 수 있는 곳이 제주도의 성산 일출봉이야. 성산 일출봉은 바다에서 화산이 폭발하며 솟아난 섬이었는데 사주가 발달하면서 본섬과 연결되었지.

    암석으로 이루어진 해안은 경치가 아름다운 곳이 많아. 단단한 바위라도 파도를 계속 맞으면 깎이게 마련이고, 이 과정에서 다양한 모습이 만들어지거든.

    바닷가에 바위 절벽이 수직으로 우뚝 서 있는 것을 본 적이 있을 거야. 계속되는 파도의 공격에 깎여서 그리 된 건데, 이런 절벽을 '해식애'라고 해. '애'는 절벽을 뜻하는 말이고, '해식'이란 바다가 깎아 냈다는 뜻이야.

    깎아지른 절벽에도 파도의 공격은 계속되고, 절벽은 계속 깎이면서 점점 뒤로 물러나. 이때 절벽을 이루는 암석 중 단단한 부분만 돌기둥처럼 따로 남기도 하는데, 이런 지형을 '시스택'이라고 해. 흔히 '촛대 바위'라고 불리는 경우가 많아. 많은 관광객을 불러 모으는 제주도의 외돌개나 동해시의 추암이 시스택에 해당하지.

시스택이 꼭 기둥 모양으로 남는 것은 아니야. 부산 태종대 앞에는 밀물과 썰물에 따라 바위섬의 개수가 달라 보이는 오륙도와 주전자처럼 생겼다고 해서 주전자섬이라고 불리는 생도가 있는데, 이 바위섬들도 시스택이야.

시스택과는 반대로 암석의 무른 부분은 더 많이 파이고, 그러다 결국 구멍이 뻥 뚫리기도 해. 즉 동굴이 생기는 거야. 이렇게 만들어진 동굴을 '해식 동굴'이라고 해. 해식 동굴은 제주도에 특히 잘 발달되어 있어.

해식애가 파도에 깎여 육지 쪽으로 계속 후퇴할 때 남는 바닥 부분은 바닷물에 쓸려 평평해져. 이 부분을 파도가 깎아 낸 땅이라는 뜻에서 '파식대'라고 해. 부산의 태종대나 전북 부안의 채석강에 가 보면 절벽 앞 땅이 평평한 것을 볼 수 있을 거야.

••• 태종대 파식대

파식대가 만들어진 후 융기한 흔적이야.

모래가 만든 땅 신두리 사구

충청남도의 태안반도는 리아스식 해안의 특징을 잘 볼 수 있는 곳이야. 태안반도는 해안선 길이가 531km에 이르고, 119개의 크고 작은 섬이 떠 있어. 대규모 모래사장이 발달하면서 해안을 따라 백리포, 천리포, 만리포, 몽산포 등 30여 개의 해수욕장이 줄지어 있지.

태안은 사구가 발달하기 좋은 조건을 갖추고 있어. 사구가 발달하려면 모래를 풍부하게 공급해 줄 모래사장이 있어야 하고, 센 바람이 일정한 방향으로 불어야 해. 태안반도 일대에는 모래사장이 즐비하고 겨울철에 북서풍이 곧바로 불어오니 조건을 잘 갖춘 셈이지.

태안의 사구 중에서도 규모가 크고 생태적인 가치가 큰 곳으로 신두리 사구가 있어. 우리나라에서 가장 규모가 큰 '신두리 사구'는 길이가 약 4km에 폭은 0.5~1km야. 그야말로 '해안의 사막' 같은 곳이야. 사구의 모래들은 입자 지름이 평균 0.2mm로 고운 편이라 감촉이 부드러워. 고운 모래라 바람에 더 잘 날렸을 거야.

　신두리 사구에는 해당화·갯방풍·갯메꽃·모래지치 같은 식물이 자라는 한편 표범장지뱀·무자치·맹꽁이·금개구리 같은 동물도 서식하고 있어. 또 신두리 사구 남쪽에는 사구 습지로는 처음으로 보호 지역으로 지정된 두웅습지가 있어. 물이 쑥쑥 빠지는 모래땅에 습지라니 신기하지? 바닥이 미세한 모래로 되어 있어서 바닷물이 침투하기 어려운 곳에 민물이 고여 습지가 형성된 거야. 이곳에 다시 점토가 유입되고 마름 같은 수생 식물의 사체가 쌓이고 있어.

　사구는 얼핏 보면 모래만 잔뜩 쌓여 있는 땅이라 무슨 쓸모가 있을까 싶지만 사구가 우리에게 주는 도움이 많아. 우선 지하수를 저장할 수 있어. 빗물이 모래 사이를 쉽게 통과해 저장되는 거야. 이때 모래 덕분에 물속의 이물질이 걸러지는 효과까지 있어. 이렇게 저장된 지하수는 바닷물이 육지로 침투하는 것을 막아 줘. 바닷물은 염분이 높아 밀도가 크기 때문에 지하수와 잘 섞이지 않거든. 또 태풍이나 해일이 덮칠 때 충격을 완화시키는 스펀지 역할을 하고, 폭풍우로 해변의 모래가 쓸려 나갔을 때 품고 있던 모래를 다시 공급해서 해안선이 급격히 깎이는 것을 막아 주지.

··· 신두리 사구

갯벌은 마구 메워도 되는 땅일까

갯벌은 육지와 바다 사이에 있으면서 하루 두 번 썰물 때 모습을 드러내는 땅이야. 바닥에 쌓인 퇴적물의 크기에 따라 펄 갯벌, 모래 갯벌, 혼합 갯벌 등으로 나뉘지. 이 중 펄 갯벌은 찰흙처럼 아주 고운 입자로 이루어져서 들어가면 허벅지까지 푹푹 빠지는 곳이야. 펄 갯벌은 물살이 느린 바닷가나 강 하구의 후미진 곳에 잘 발달해. 대부분 갯벌에서는 세 가지 유형이 동시에 나타나.

우리나라 갯벌 중 80% 이상은 서해에 분포하고 있어. 왜 서해에 유난히 갯벌이 발달했을까?

서해에는 여러 강의 하구가 있어 계속해서 흙과 모래가 흘러들어. 그리고 바다에서 파도에 실려 온 미세한 흙이 잔잔하고 후미진 바닷가에 쌓이는데, 서해는 구불구불한 해안이 파도의 힘을 분산시키기 때문에 퇴적에 유리하지.

　서해처럼 조수 간만의 차이가 큰 곳은 조류가 세서 퇴적물이 멀리까지 이동하는데, 바닥의 경사가 완만하기 때문에 퇴적물이 급격히 쓸려 가지 않고 쌓일 수 있어. 서해에서도 북쪽 해안에 갯벌이 더 발달한 건 조수 간만의 차가 더 크기 때문이야.

　우리나라의 갯벌은 미국 동부의 조지아 연안, 캐나다 동부 연안, 아마존 유역 연안, 북해 연안과 더불어 세계 5대 갯벌로 꼽히고 있어.

　시커멓게 펄이 쌓여 있는 갯벌은 쓸모없는 땅처럼 보일지도 몰라. 하지만 눈에 보이지 않는 역할이 만만치 않다는 것을 알아야 해.

　갯벌은 바다의 허파야. 숲은 산소를 만들어 낸다고 해서 지구의 허파라고 불리잖아. 그런데 숲이 만들어 내는 산소는 바다에서 만들어 내는 산소의 반도 되지 않아. 사실 지구에서 만들어지는 산소의 70% 이상은 바다에서 만들어져. 식물성 플랑크톤이 광합성을 통해 산소를 만들어 내는 것이지. 그런데 갯벌 속에는 1g당 수억 마리의 식물성 플랑크톤이 있어서 같은 면적의 숲보다 더 많은 산소를 만들어 낼 수 있어.

　갯벌은 미세한 입자들 사이사이로 많은 물을 품을 수 있어. 물을 저장하는 능력이 뛰어나니 홍수를 방지하는 역할을 할 수 있는 거야.

갯벌은 물을 깨끗하게 걸러 주는 역할도 해. 갯벌에 사는 미생물, 고둥, 조개, 갯지렁이 등이 물속의 이물질을 분해해 주지. 또 갯벌에서 자라는 갈대 같은 식물도 환경 정화에 한몫을 담당해. 육지에서 내려온 질소와 인을 빨아들여서 바닷물의 부영양화를 방지해 주거든. 이런 역할 때문에 갯벌을 바다의 콩팥이라고도 해.

갯벌은 우리에게 다양한 먹거리를 주기도 해. 소라, 굴, 바지락, 꼬막, 새우, 게, 주꾸미, 낙지, 망둥어, 숭어……. 우리 식탁에 오르는 음식 중 갯벌에서 나는 것이 꽤 많아. 같은 면적의 땅을 비교했을 때 갯벌은 육지보다 생산성이 9배쯤 높다고 해.

지금까지 갯벌은 '간척'의 대상으로 여겨져 왔어. 간척이란 바다를 메워 땅으로 만드는 걸 말해. 갯벌이 가지고 있는 기능들을 미처 생각 못한 채 당장 농사를 지을 수 없다는 사실만으로 갯벌을 쓸모없는 땅이라고 생각한 거야. 간척 사업은 그런 땅을 간척해서 쓸모 있는 땅으로 만든다는 것이었지.

간척의 목적은 주로 농경지를 넓히기 위한 것이었어. 간척지는 넓고 평탄하기 때문에 물

••• 서해안 갯벌

을 대기 편하고 기계화에도 유리하다는 장점이 있어. 대규모 농업 경영이 가능한 거야. 처음에는 간척지에서 벼농사를 주로 했는데 차츰 원예 작물도 늘어나는 추세야.

산업 단지를 마련하기 위해 간척하는 일도 많아졌어. 중화학 공업처럼 넓은 단지가 필요한 경우 간척을 통해 부지를 마련하는 거야. 포항과 광양의 제철소를 비롯해 바닷가에 있는 공단은 대개 간척지에 들어서 있지.

간척 사업 때문에 우리나라 면적은 꾸준히 커졌어. 해안선은 직선으로 짧아지면서 단순해지고 있고. 서해와 남해의 해안선은 간척으로 1/5 이상 짧아졌다고 해. 드나듦이 심했던 해안선이 직선화되면서 교통 여건이 좋아지는 경우도 있지.

간척으로 얻은 것도 있지만 부작용 역시 무시할 수 없어. 우선, 간

•••농지로 이용되는 서산 간척지

•••간척지에 들어선 광양 제철소

척은 갯벌에 살던 생물들의 서식처를 훼손하는 일이야. 갯벌을 메우면 그곳에 살던 생물들은 사라질 수밖에 없고, 갯벌에서 얻던 수산물도 더 이상 얻을 수 없게 돼. 무엇보다 생태계의 균형을 깨트리는 것인데, 생태계 균형이 깨진 바다가 건강할 리 없잖아. 또 정화 작용을 하던 갯벌이 없어지면 바다가 부영양화되고 수질 오염이 심화되는 부작용도 일어나.

환경뿐 아니라 경제적인 면에서도 이득이 별로 없다는 주장이 많아. 갯벌을 메워 농지를 만들면 땅을 얻는 대신 어업으로 얻을 수 있는 수익이 사라지잖아. 간척지에 농사를 지어 얻는 수익이 갯벌에서 수산물을 캤을 때 얻는 수익보다 외려 적다는 거야.

갯벌을 매립하는 것보다 그대로 두는 것이 더 많은 혜택이 있다고 알려지기 시작하면서 외국에서는 이미 1980년대 초부터 간척 사업을 중단하기 시작했다고 해.

수백 년에 걸쳐 간척된 땅 강화도

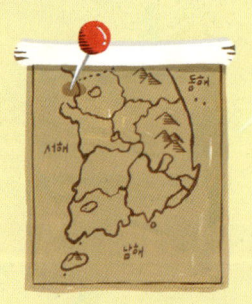

강화도는 우리나라 역사를 배울 때나 생태를 공부할 때 빠지지 않고 등장하는 곳인데, 우리나라 간척의 역사를 이야기할 때도 빼놓을 수 없는 곳이야.

강화도에는 해안을 따라 드넓은 갯벌이 펼쳐져 있어. 갯벌이 발달한 강화도에는 철새들이 많이 찾아오는데 특히 섬 남쪽의 갯벌은 철새들에게 중요한 중간 기착지야. 봄가을에 러시아의 툰드라 지역과 동남아와 오스트레일리아를 오가는 새들이 이곳에서 쉬어 가. 도요새와 물떼새 종류가 많이 지나가고, 청둥오리·황오리·혹부리오리·쇠기러기·재두루미 같은 겨울 철새도 많이 찾아와. 특히 세계적으로 얼마 남지 않은 멸종 위기종인 저어새의 번식지이기도 해. 섬 남단의 장화리 갯벌은 강화 갯벌 및 저어새 번식지로서 천연기념물 419호로 지정되어 있지.

강화도는 섬 지역 가운데 논이 가장 많은 곳이야. 평평한 땅은 바다 쪽에 많이 분포하는데, 대부분 간척으로 만들어진 땅이야.

　강화도에서 간척이 처음 시작된 것은 고려 시대로 거슬러 올라가. 고려 고종 때인 1232년 원나라가 침입하자 왕실은 강화도로 피난을 갔어. 강화도를 피난지로 정한 것은 섬이라는 조건 때문이었어. 원나라 군대는 기병을 주력으로 하기 때문에 물을 건너기 어려울 거라 생각했고, 특히 강화도와 육지 사이 손돌목의 물살이 센 것도 하나의 조건이었지.

••• 강화도 면적 변화

왕이 강화도로 피신하자 조정 관리들이 함께 왔고, 개경의 주민들도 대거 따라왔어. 강화도 인구가 갑자기 늘어난 거야. 본래 강화도는 농토가 적은 곳인데 인구가 갑자기 늘어나자 식량 문제가 생겼어. 조정에서는 간척을 해서 농토를 만들기로 했어. 바다에 둑을 만들고 그 안쪽을 메웠는데, 조수의 흐름을 감안해 둑을 곡선으로 쌓았어. 둑은 밑변이 넓고 위로 갈수록 좁아드는 사다리꼴로 만들어 안정성을 높였지. 그런 다음 물때에 맞추어 바다를 메워 나갔어.

고려 왕실은 1270년 개경으로 돌아갔지만 그 후에도 강화도는 군사적 요충지로, 또 유사시에는 피난처가 될 수 있는 곳으로서 계속 중시되었어. 조선 후기에는 군사적 중요성이 더욱 강조되어 보와 돈대 같은 군사 시설이 축조되었어. 군사 시설이 늘어났으니 당연히 군량미가 더 많이 필요했고, 고려 때 그랬던 것처럼 간척을 통해 농토를 확보했지. 강화도의 간척은 현대까지도 드문드문 이어졌고, 지금은 간척으로 만들어진 땅이 강화도 총 면적의 1/3에 달해.

섬은 육지와 동떨어진 곳일까

우리나라에는 모두 3358개의 섬이 있고 이 중 사람이 사는 섬은 482개야. 가장 큰 섬은 제주도이고 거제도, 진도, 강화도, 남해도 등이 그 뒤를 잇고 있어.

서남해안에 섬들이 유난히 많이 모여 있어서 이곳을 다도해라는 별칭으로 부르기도 한다고 했잖아. 다도해의 섬들을 보면 마치 산들이 겹겹이 포개져 있는 것처럼 보여. 개개의 섬을 보더라도 평평한 섬은 별로 없고 대개 봉우리처럼 솟아 있지.

이유는 이 섬들이 원래 육지였다가 해수면이 높아지면서 바다로 변한 거라서 그래. 산줄기가 뻗어 있던 곳에 바닷물이 들어차면서 산줄기의 높은 곳이 섬으로 남은 것이거든. 그러니까 섬이기는 해도 지질상으로는 육지와 밀접한 거야.

제주도나 울릉도처럼 육지와 관계없이 생겨난 섬도 있어. 이 섬들은 바다 멀리 떨어진 곳에서 화산 활동으로 생겨났잖아.

안면도는 인위적으로 섬이 된 곳이야. 안면도는 원래 태안반도와 연결되어 있었는데 조선 인조 때 운하를 뚫어 섬이 되었어. 호남 지역에서 한양까지 세곡을 운반하는 배들이 서해안을 따라 올라오다가 태안반도를 지날 때면 멀리 돌아가야 했는데, 뱃길을 단축하기 위해 운하 공사를 한 거야. 억지로 섬이 되었던 안면도는 1970년 '연륙교'가 놓이면서 다시 육지와 연결되었어.

섬 중에는 썰물이 빠질 때마다 육지와 연결되는 곳이 있어. 육지와 섬 사이에 토사가 계속 쌓여서 땅이 높아지고, 그 땅이 썰물 때 드러나는 거야. 그 모습이 마치 바다가 갈라지며 땅이 드러나는 것 같다고 해서 '바다 갈라짐 현상'이라고 해. 홍해를 갈랐다는 성경 속 모세의 이야기에 빗대어 모세의 기적이라고 부르기도 하지.

경기도 화성시의 제부도는 바다 갈라짐을 볼 수 있는 대표적인 곳이야. 제부도까지 가는 길에는 도로 포장을 해 놓아서 하루 두 차례 물이 빠지면 자동차도 들어갈 수 있어. 섬의 남쪽 끝에 매바위라고 해서 바위 3개가 나란히 서 있는데, 이 매바위는 하루 2번 밀물이 높이 찼을 때만 잠깐씩 물에 잠기고 나머지 시간에는 섬과 연결되어 있어.

섬과 매바위 사이 땅이 유난히 높은 거지.

인천광역시 중구 무의도와 그 서쪽에 있는 실미도도 썰물 때면 모래톱이 드러나면서 서로 연결되고, 충남 보령시의 무창포 해수욕장에서도 썰물이 빠지면 1.5km 앞에 있는 석대도까지 걸어서 갈 수 있어.

진도 회동리와 그 앞 모도 사이의 바다 갈라짐 현상은 규모가 유난히 큰 것으로 유명해. 음력 2~3월 보름쯤에 영등사리라고 해서 물이 가장 많이 빠질 때 바닷길이 열리는데 길이 2.8km, 폭 30~40m의 모습을 드러내. 진도에서는 이때에 맞춰 신비의 바닷길 축제를 열고 있지.

••• 진도 신비의 바닷길 축제

동해 저 멀리 솟아 있는 섬 울릉도

　서남해안은 다도해라고 불릴 만큼 섬이 많지만 동해에는 섬이 거의 없어서 대조적이야.
　동해에는 바다 저 멀리 뚝 떨어진 곳에 울릉도와 독도가 있어. 울릉도는 가장 가까운 경북 울진군 후포읍에서 159km 떨어져 있고, 경북 포항시에서는 217km 떨어져 있어. 독도는 울릉도에서 다시 동쪽으로 87km를 더 가야 해.

　울릉도와 독도는 서남해안의 다른 섬들과 달리 바다에서 화산 폭발로 생겨났어. 생성 시기는 독도가 훨씬 앞서지.

　울릉도는 동서 길이가 12km에 남북으로 10km인 오각형 섬으로, 우리나라 섬들 중 9번째로 커. 섬에서 가장 높은 곳은 해발 984m 성인봉이야. 그리 큰 섬은 아닌데, 바다 위로 보이는 게 다가 아니야. 바다 밑에서부터 재면 높이가 3150m에 바닥 지름이 30km에 이르는 큰 화산체야. 이 점은 독도랑 비슷하지?

울릉도에서는 화산섬답게 곳곳에서 공암(코끼리바위), 국수바위 같은 주상 절리를 관찰할 수 있어.

같은 화산섬이지만 제주도와 달리 울릉도는 물이 풍부해. 제주도는 물이 쑥쑥 빠지는 현무암이 주로 분포하지만, 울릉도는 화산 폭발 때 발생한 부스러기들이 쌓인 땅이라 스펀지처럼 물을 머금을 수 있거든. 울릉도에는 바위 사이에서 뿜어져 나오는 물을 이용해 발전기를 돌리는 수력 발전소도 있어.

용암과 화산재가 계속 쌓이고 쌓여서 만들어진 섬이라 울릉도는 전체적으로 뾰족한 모양이야. 높이에 비해 경사가 심한데, 이런 조건에서는 항구가 발달하기 어렵지.

울릉도에서 평탄한 땅은 단 한 곳, 나리 분지뿐이야. 그나마도 동서로 1.5km에 남북 길이 2km 정도에 불과해.

나리 분지는 칼데라에 화산재가 쌓인 '칼데라 분지'야. 칼데라란 화산의 분화구가 무너지면서 생긴 지름 2km 이상의 움푹 파인 땅을 말해. 화산에서 마그마가 빠져나가고 나면 빈 공간이 생기는데, 분화구가 제 무게를 이기지 못하고 무너지는 경우가 있어. 여기에 화산재가 쌓여서 만들어진 땅이 칼데라 분지야. 칼데라에 물이 고여 호수가 되기도 하는데 백두산 천지가 그런 경우야.

나리 분지에는 울릉도 사람들의 생활을 보여 주는 '투막집'이 남

••• 나리 분지의 투막집

아 있어. 투막집은 통나무를 우물 정(井) 자 모양으로 쌓아 올려 벽을 만든 집으로 귀틀집이라고도 해. 지붕에는 나무를 기와처럼 자른 너와를 얹거나 참나무의 두꺼운 껍데기인 굴피 또는 억새 등을 얹었어.

집 밖에는 다시 기둥을 세우고 풀이나 옥수숫대 등을 엮어서 외벽처럼 둘러놓았는데 이것을 '우데기'라고 해. 우데기는 비, 눈, 바람 등이 집으로 들어오지 못하도록 막기 위한 거야. 우데기는 겨울철에 눈이 잔뜩 쌓였을 때 진가를 발휘해. 본채와 우데기 사이 공간은 통로 역할을 하고 땔감과 곡식도 보관할 수 있어. 장독대도 우데기 안에 두면 돼. 여름에는 우데기가 햇빛을 막아 시원해지는 효과도 있어.

울릉도는 우리나라에서 눈이 가장 많이 오는 곳이야. 겨울철 차가운 북서 계절풍이 동해를 지날 때 따뜻한 바닷물과의 온도 차이 때문에 수증기가 발생하고, 수증기를 잔뜩 머금은 이 공기가 울릉도 산간 지역에 부딪쳐 올라가면서 구름으로 변해 눈을 뿌리는 거야.

울릉도에는 1년 중 50일 이상 눈발이 날리고 연평균 적설량이 253.4cm야. 하루에 눈이 150.9cm 쌓인 적도 있다는군. 이런 날 우데기가 없었다면 방문을 열고 나올 수도 없었을 거야.

울릉도에서는 연중 강수량의 40% 정도가 겨울철 눈으로 내려. 우리나라는 강수량이 여름철에 몰려 있고 겨울에는 가문데, 울릉도는 눈이 많아서 연중 강수량이 고른 편이야. 1980년대 이후에는 지구 온난화의 영향으로 강설량이 많이 줄었다고 해. 울릉도에 눈은 많이 내리지만 기온이 낮지는 않아. 한겨울에도 영하로 내려가는 일이 드물지.

고립된 울릉도 생태계

울릉도는 한 번도 육지와 연결된 적이 없는 섬이야. 육지와 떨어진 채 오랜 시간이 지나다 보니 울릉도만의 고유한 생물들이 많이 자생하고 있어. 섬개야광나무, 섬댕강나무, 울릉국화, 섬백리향, 섬말나리, 섬시호 등은 울릉도에서만 볼 수 있는 특산 식물이야. 그런데 울릉도에 자생하는 동물은 보기 힘들어. 울릉도에는 뱀이 없고, 포유동물도 거의 없지.

바다에서 얻을 수 있는 것들

　우리나라는 삼면이 바다에 둘러싸여 있는 데다 들쭉날쭉 복잡한 해안선 때문에 바다와 접한 곳이 많아. 그만큼 바다에서 많은 것을 얻을 수 있다는 뜻이기도 해.

　바다에서 얻을 수 있는 것으로는 우선 싱싱한 먹거리가 있어. 우리 식탁에는 다양한 해산물이 오르는데 바다에 따라 생산되는 종류가 달라. 국민 생선으로 불리는 명태는 동해에서 잡히고 조기는 서해에서 잡히는 식이지. 바다에 따라 어종이 다른 것은 해류의 영향을 받아서 그래.

　바닷물은 한자리에 머물지 않고 일정한 방향과 속도로 이동하는데 수온이 비교적 높은 난류와 낮은 한류가 있어. 난류는 적도 부근에

한류 →
난류 →

리만 한류

동해

서해

쿠로시오 난류

서 고위도 지역으로 흐르고, 한류는 극지방 근처에서 위도가 낮은 지역으로 흐르지.

우리나라는 필리핀에서 남중국해를 걸쳐 올라오는 '쿠로시오 난류'와 시베리아 쪽에서 내려오는 '리만 한류'의 영향을 받고 있어. 쿠로시오 난류는 제주도 남쪽에서 갈라져 서해와 동해로 각각 흘러가. 서해에서는 중국 대륙에 막혀 다시 남쪽으로 돌아 내려가고, 동해에서는 북쪽에서 내려오는 한류와 북위 40° 부근에서 만나게 돼.

난류와 한류가 만나면 밀도가 큰 한류가 난류 밑으로 파고들면서 아래위로 크게 소용돌이치게 돼. 이때 바다 밑의 풍부한 영양분들이 함께 올라오기 때문에 이를 먹이로 하는 플랑크톤이 많아지고, 그러면 이 플랑크톤을 먹기 위해 물고기들이 몰려들지.

난류와 한류가 만나는 동해는 어종이 다양하고 풍부해. 북쪽에서 내려온 한류성 어종인 명태·도루묵·대구·청어·양미리·꽁치와 남쪽에서 올라온 난류성 어종인 오징어·정어리·고등어·갈치·방어·삼치·멸치 등을 잡을 수 있어.

드넓은 바다 향해 나아가기 173

하지만 지구 온난화로 바닷물 온도가 올라가면서 난류성 어종이 늘어나고 있어. 동해에서 주로 잡히던 오징어가 서해에서 많이 잡히는가 하면, 남해에서 주로 잡히던 멸치가 동해 서해 가릴 것 없이 나타나고 있어. 제주도 인근에서만 잡히던 옥돔이 독도 인근에서 발견되기도 했다는군. 동해에서 아열대성 어종이 발견되는 일까지 일어났지.

명태나 대구 같은 한류성 어종은 이와 반대로 점점 사라지고 있어. 명태의 경우 1990년대 초반에는 연간 1만 2천t이 잡혔지만, 2000년대 이후에는 1000t 이하로 줄었고, 지금은 거의 잡히지 않아.

바다로 나가 물고기를 잡는 데에서 한 발 더 나아가 양식을 하기도 해. 생선과 조개류, 해조류 등을 직접 키우는 거야. 양식장을 만들어 놓고 바닷물을 끌어오는 방식도 있고, 바닷속에 망을 둘러놓고 양식하는 가두리 양식도 있어.

양식은 남해에서 활발해. 만 안쪽에는 수면이 잔잔하고 바닷속 지형에 굴곡이 많아 산란장이나 양식장으로 적합하거든. 파도의 영향을 덜 받으니 가두리 양식장을 설치하기에도 좋고 말이야.

전남에서 특히 양식업이 발달했는데 바다 양식의 60% 정도가 전남 지역에서 이루어지고, 김을 비롯한 해조류는 전국 생산의 85% 정도를 차지하고 있어.

양식은 폭풍우 치는 바다에 나가 직접 잡는 것보다 쉬워 보일 수도 있지만 이 역시 어려움이 있어. 태풍이 양식장을 휩쓰는가 하면 적조가 발생해 기르던 물고기들이 떼죽음 당하기도 해. 자연을 이용한다는 것이 그만큼 힘든 일인 것 알겠지?

바다에서는 소금도 얻을 수 있어. 바닷물을 뜨거운 햇볕에 말리면 수분이 날아가고 소금이 남는데, 이렇게 만든 소금을 천일염이라고 해. 조선 시대까지는 바닷물을 가마솥에 넣고 끓여서 소금을 만들다가 1907년 인천 주안에 처음으로 염전이 생겼어. 염전은 바다가 얕고 밀물이 크게 드는 서해안에 많아. 지금 천일염을 가장 많이 생산하는 곳은 전남 신안군으로 전체 생산량의 반 이상을 담당하고 있어.

••• 전라남도 신안군의 염전

염전은 소금밭이라는 뜻이야.

굴비로 유명해진 영광 법성포

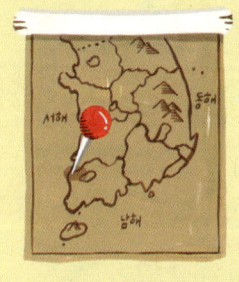

울릉도 오징어, 흑산도 홍어, 제주도 은갈치, 추자도 멸치, 영광 굴비…….

한 지역을 대표하는 특산품들이야. 그 지역에서 많이 잡히는 어종인 건데, 영광 굴비는 가공 기술 덕에 가치가 높아진 경우야.

굴비는 조기를 소금에 절여 말린 건데, 영광의 칠산 바다는 예로부터 최고의 조기 어장으로 꼽히던 곳이야. 칠산이란 영광군 백수면 앞바다에 있는 일곱 개의 크고 작은 섬들을 말해.

이 지역에서 유난히 조기잡이가 성했던 이유는 조기의 이동에 그 답이 있어. 조기는 제주도 남서쪽에서 겨울을 나고 2월이면 서해안을 따라 북상하기 시작해. 흑산도를 거쳐 전북 위도를 지나 경기도 연평도와 평안북도 대화도까지 서해 연안을 지나는데, 그중에서도 칠산 바다를 지날 때가 가장 알이 차고 살이 좋다고 해.

조기 철이 되면 전국에서 어선들이 몰려들었고 그 중심 포구가 영광의 법성포였어. 배가 넘치도록 잡힌 조기 중 일부는 법성포에서 굴비로 재탄생했어. 물고기를 말리는 일이야 어디서든 할 수 있지만, 법성포에서 말린 굴비는 유난히 인기를 끌었어.

그 비결은 바로 기후 조건에 있었지. 봄부터 여름까지 이 지역에 부는 바람은 낮에는 습도가 45% 이하로 떨어졌다가 밤에는 대여섯 시간 동안 95% 이상을 유지해. 낮에는 건조가 됐다가 밤에는 조기 내부의 수분이 외부로 퍼지면서 저절로 숙성돼 썩지 않고 잘 마르는 거야. 소금을 켜켜이 재서 간을 한 후에 말리는 비법도 맛을 내는 데 큰 역할을 했지.

1970년대 이후에는 칠산 바다에서 조기가 거의 잡히지 않기 때문에 다른 지역에서 잡은 조기를 가져와 말리고 있어. 칠산 바다에서 조기가 사라진 이유는 지나친 남획과 해류의 변화 때문이라고 해. 알을 낳기도 전에, 또 어린 조기까지 싹쓸이하는 바람에 그야말로 씨가 마른 거야. 게다가 바닷물 흐름이 변하는 바람에 조기 떼가 추자도 위쪽으로는 잘 안 올라온다는군. 그래도 영광 굴비의 명성은 여전해서 법성포에는 굴비를 취급하는 가게들이 줄지어 있어.

바다는 세계로 통하는 길

　오래전부터 외부와 교류하는 주요 통로는 바닷길이었어. 2000년 전 금관가야의 시조 김수로왕은 인도에서 배를 타고 온 허왕옥과 혼인했다 하고, 제주도의 개국 신화인 삼성혈 이야기에서는 삼신인이 바다를 건너온 여인들과 혼인했다고 해. 고대부터 외부와 교류했음을 엿볼 수 있는 대목이야.

　영광 굴비로 유명한 법성포는 백제 때 불교가 전해진 통로로 알려져 있어. 백제는 특히 중국과 교류가 활발했는데 인천 능허대, 충청남도 태안 등에서 그 흔적을 찾아볼 수 있어.

　능허대는 백제가 한성에 도읍을 두고 있던 시기에 사신들이 중국을 왕래하던 나루터야. 당시 백제는 고구려와 적대 관계였기 때문에 중국에 갈 때 고구려를 거치는 육로를 이용하지 못하고 능허대에서 출발하는 바닷길을 이용한 거야. 지금은 능허대 주변이 간척되고 아파트와 유원지가 개발되면서 도시 한가운데 그 터가 남아 있어.

백제는 웅진(공주)과 사비(부여)에 도읍했던 시기에도 중국과 활발한 교류를 이어 갔고 태안반도가 중심지 역할을 했어. 태안반도 끝의 안흥항이 중국 무역선이 드나드는 무역항이었어.

신라 역시 외부와 교류가 활발했는데 울산이 무역항 역할을 했어. 인도에서 보내온 황금과 철로 불상을 만들어 모셨다는 동축사 이야기, 서역 사람으로 보이는 처용이 등장하는 이야기 등을 보면 중국뿐 아니라 인도나 서역과도 교류했음을 알 수 있어. 경기도 화성시의 남양 지역도 신라가 중국과 왕래하는 길목이 되었던 곳이야.

고려 역시 바다를 통한 대외 무역이 왕성했고 개성 근처 벽란도에는 아랍인을 비롯한 외국 상인들이 많이 찾아와 교역을 했다고 하지.

하지만 조선은 바다를 봉쇄하는 정책을 취했어. 백성들을 먼 바다로 나가지 못하게 했고 외국과의 무역도 금지시켰지. 이런 사정이니 바닷가 도시의 중요성도 미미했을 거야. 바닷가에 사는 사람들은 어업과 농업을 중심으로 생활했고, 외적의 침입을 막기 위해 군사 기지를 두는 정도였지.

바닷길이 다시 열린 것은 조선 말에 인천, 원산, 부산부터 개항을 하면서부터야.

    일제 강점기에 군산, 목포 등 일본과 연결되는 항구 도시들이 성장했고, 해방 후 본격적으로 산업 발달을 이루면서 공업항이나 무역항으로서 대규모 항구 도시들이 출현했어. 지금은 부산, 인천, 여수 같은 대규모 항구 도시들이 바닷길을 통해 세계 곳곳으로 우리나라를 연결해 주는 역할을 하고 있어.

세계를 향해 열린 도시 인천

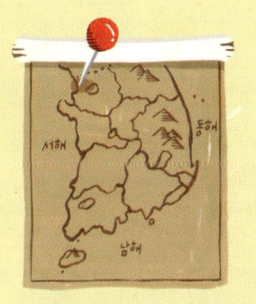

외국 사람이 우리나라를 찾을 때 처음 도착하는 곳은 국제공항이 있는 인천이야. 외국 사람이 한국에 대한 첫인상을 갖게 되는 그야말로 대한민국의 관문이랄까.

인천은 처음 성장할 때부터 수도 서울의 외항이라는 조건에서 출발했어. 외항이란 큰 도시와 가까운 곳에서 그 도시의 대문 역할을 하는 항구를 말해.

조선 말 서양 여러 나라 배들이 인천 앞바다에 나타나 통상을 요구하기 시작했어. 서양 세력들을 완강히 거부하던 조선은 결국 일본의 강압에 못 이겨 1876년 부산·인천(제물포)·원산을 개항하게 되지. 개항이란 무역을 위한 외국선의 출입을 허가하는 것으로 개항을 했다는 것은 외국과 교류를 시작한다는 의미야. 이로써 인천은 외국 문물을 처음으로 받아들인 도시 중 한 곳이 되었어.

인천은 처음 개항할 때만 해도 제물포라는 작은 포구였는데 개항

이후 외국 문물이 들어오면서 급속히 성장하기 시작했어. 개항된 항구는 3곳이었지만 아무래도 외국인들은 서울과 가까운 인천을 더 많이 찾았지.

인천에는 각국 영사관이 들어섰고 외국 상인들이 찾아오면서 외국인 거주지가 생겨났어. 또 외국인과 새로운 문물이 몰려드니 우리나라 사람들도 모여들었고 말이야. 인천은 개항부터 해방 직후까지 서울 못지않은 정치·외교·경제의 중심지로 활기를 띠었어.

인천에는 '우리나라에서 처음'이라는 말이 붙는 것들이 많아. 1888년에 응봉산 일대에 첫 서양식 공원이 생겼어. 각국 외교관이 공동으로 건립했고 그래서 이름도 '만국 공원'이라고 했지. 만국 공원은 한국 전쟁 후 이름이 '자유 공원'으로 바뀌었어.

대불 호텔이라고 해서 서양식 호텔도 인천에 처음 생겼어. 당시에는 인천에 도착한 날 바로 서울까지 가기 힘들었기 때문에 그 전에 머물 시설이 필요했거든.

우리나라 최초의 철도도 서울과 인천을 잇는 노선이었어. 1899년 서울 노량진까지 연결된 경인선이 그것이지. 1903년에는 팔미도에 최초의 등대를 세웠어. 외국인 묘지가 처음 생긴 곳도 인천이야.

인천은 일제 강점기에 크게 개발되었어. 일본이 대륙 침략을 위해 군수 물자 공장을 세웠던 거야. 인천은 국제 무역항으로 개발되고 상업과 공업이 발달하면서 인구가 크게 늘었어.

해방 후 군수 공업은 위축되었지만, 1960년대 경제 개발 정책으로 경인 산업 단지가 개발되면서 인천은 본격적인 공업 도시로 변모했고, 1969년에는 최초의 고속 도로인 경인 고속 국도가 개통되었어.

그런데 인천이 국제적인 항구로 성장하는 데 걸림돌이 하나 있었어. 바로 조수 간만의 차이가 엄청나다는 거야. 항구가 발달하려면 수심이 깊고 물살은 약한 곳이 좋아. 그리고 항구 뒤로 관련 시설을 지을 수 있는 넓은 땅이 있어야 하지. 동해는 수심이 깊지만 물살이 세고, 서해는 물살은 약하지만 조수 간만의 차가 커서 불리해. 썰물 때면 갯벌이 드러나 버리기 때문에 배가 들어오려면 밀물이 들 때까지 기다려야 하거든. 아무 때나 배를 대기 어렵다는 거지.

이런 문제를 해결하기 위해 인천항에 거대한 갑문(수문식 독)을 설치했어. 갑문은 항구 외곽에 둑을 쌓아 물을 가두고 수문으로 배가 드나들게 하는 거야. 밀물 때는 수문을 열어 배가 들어올 수 있게 하고, 썰물 때는 수문을 닫아서 배가 그대로 물 위에 머물도록 하는 거지.

인천은 2001년 국제 공항이 문을 열면서 명실상부한 대한민국의 관문 역할을 하게 되었지.

북적북적 도시 속으로 찾아가기

도시를 발달시키는 요인들

    일정한 지역의 정치·경제·문화의 중심이 되는 곳을 '도시'라고 해. 도시에 중요한 기능이 집중되어 있으니 사람이 많이 모이고, 사람이 많으니 건물도 많고 교통도 발달하게 되지.

    도시와 대비되는 개념으로는 '촌락'이라는 말을 써. 주로 농업·임업·수산업·목축업 등을 기반으로 생활하는 지역 사회를 말하는데, '생활에 필요한 것을 자연에서 얻는 활동'을 하는 곳이라고 생각하면 될 거야.

    도시와 촌락을 나눌 때는 보통 인구나 산업 구성을 기준으로 해. 도시 인구의 기준은 나라마다 다른데 덴마크나 아이슬란드 같은 나라에서는 250~300명 이상이 모여 살면 도시라고 보지만 일본에서는 5만 명을 기준으로 봐. 우리나라에서는 2만 명 이상을 도시 인구로 보고 있어.

산업 구성은 구성원들이 어떤 일을 하는가 하는 거야. 촌락과 달리 도시 인구는 공업이나 서비스업 등에 주로 종사하지. 도시에 사는 사람들은 저마다 직업이 다양한 편인데 촌락에서는 고장 사람들이 비슷한 직업에 종사하는 경우가 많아. 대부분 농사를 짓는다거나 고기잡이를 하거나 그런 식으로 말이야.

도시가 형성되고 발전하는 데에는 행정·군사·교통·상업·교육 등 여러 요소가 작용해. 대부분의 사람들이 농사를 짓고 지역 간에 교류도 많지 않았던 옛날에는 주로 행정과 군사 기능을 중심으로 도시가 발달했어. 왕이 있는 도읍, 지방 수령이 있는 읍치 등이 지역의 중심 역할을 한 거야.

지금 호남 지역에서 가장 큰 도시는 광주광역시지만 조선 시대까지는 전주와 나주가 더 중요한 곳이었어. 전주에는 지금의 도청에 해당하는 감영이 있었고 나주 역시 '목'이라고 해서 꽤 높은 단위의 관청이 설치되어 있었지. 하지만 1896년 전국을 8도에서 13도로 바꿀 때 광주가 전라남도의 도청 소재지가 되면서 나주를 대신해 중심지로 등장하게 되었고, 호남 지역의 대표적인 도시로 성장했어.

이처럼 도청이나 시청 등이 새로운 곳으로 옮겨 가면 관련 관공서들이 함께 옮겨 가고 생활에 필요한 가게·학교·음식점 등이 늘어나면서 새로운 중심 도시가 형성이 돼. 그리고 이 편리한 시설들 때문에 사람들이 더 많이 모여들면서 도시가 더욱 커지고 말이야.

전략적으로 중요한 곳에 군사들을 주둔시키고 시설을 설치하며 도시가 형성되기도 해. 우리나라에서 시 단위 중 가장 인구가 적은 계룡시는 대표적인 군사 도시야. 육군·해군·공군의 통합 본부인 계룡대를 중심으로 대규모 군사 시설이 들어서 있고, 군인 가족들이 유입되면서 도시화된 곳이지. 2003년 충청남도 논산시에서 분리되어 계룡시가 되었어.

공군 기지가 있는 원주, 미군 부대가 모여 있는 동두천, 해군 기지가 있는 진해 등도 군사 도시로 성장한 경우야.

교통도 도시 발달에 큰 영향을 주는 요소야. 수운이 중요한 교통 수단이었던 조선 시대에 남한강가의 충주가 큰 역할을 했잖아.

교통 때문에 발달한 도시 하면 대표적인 곳이 대전이야. 작은 시골 마을이었던 곳이 경부선과 호남선 철도 개통을 계기로 도시화되기 시작하더니 지금은 우리나라의 5대 도시 중 한 곳이 되었어.

외국과의 교류가 중요해지고 무역이 발달한 후에는 항구 도시들도 성장하게 되었어. 함흥, 목포, 인천 같은 도시들은 조선 말에 개항하면서 발달하기 시작한 도시들이야.

현대에 와서는 산업 발달에 따라 도시가 발달한 경우가 많아. 각종 회사나 공장이 생겨서 일자리가 늘어나니까 사람들이 모여들고, 생활에 필요한 관공서·상가 등이 들어서면서 도시가 커지는 거야.

우리나라에서 도시 인구가 급격히 많아지기 시작한 건 1960년대부터야. 본격적으로 공업이 발달하면서 촌락 인구들이 일자리를 찾아 서울, 부산, 대구, 인천 등의 도시로 몰려든 거지. 그리고 1970년대 중화학 공업이 성장하면서 울산, 마산, 포항 등의 도시들이 커지기 시작했어.

나라에서 계획을 세워 도시를 새로 만들기도 해. 어떤 도시가 지나치게 커지는 것을 막기 위해 그 기능을 일부 나눌 수 있는 신도시를 건설하기도 하고, 수도권이 너무 커지는 것을 막고 지방을 고루 발전시키기 위해 정부의 기능을 일부 나누어 행정 도시를 만들기도 하지.

교통 발달로 커진 도시 대전

 대전은 교통 발달에 힘입어 성장한 대표적인 도시야. 대전은 한반도 남쪽 중앙에 위치해 있고, 남한만 놓고 보면 가운데 위치하지. 서울과 전라도·경상도를 연결하는 길목인 셈이야.
 지금의 대전 일대는 조선 시대에는 회덕군과 진잠군에 속해 있었어. 대전의 옛 이름은 한밭인데, 큰 밭 또는 넓은 들판을 뜻해. 한밭을 한자로 적어 대전이 되었지.
 오래전부터 사람들이 살긴 했어도 인구 3000명 남짓의 한적한 농촌이었던 대전은 철도가 개통된 뒤 급격하게 성장을 했어. 1905년 서울에서 부산까지 경부선이 개통되고, 1914년에는 목포까지 연결되는 호남선까지 개통되면서 철도 교통의 중심지로 부상한 거야.
 경부선 철도를 건설할 때 처음 계획했던 노선은 서울에서 수원·천안·공주를 거쳐 부산까지 가는 거였어. 그런데 공주 지역 사람들의 반발이 심했어. 특히 유학자들이 거세게 반대했지. 당시 기차를 처음 본 사람들은 괴물처럼 여겼다고 해. 난생 처음 보는 쇳덩어리가 증기 소리와 연기를 내뿜으며 달리는 모습이 두려웠던 거지. 그러니 기차가 지나는 걸 허락할 수 없었던 거야. 결국 공주 대신 신탄진을 거쳐 대전을 지나는 노선으로 변경했는데 당시 대전은 허허벌판이나 마찬가지라서 반대에 부딪칠 부담이 없었어.

이후 대전에는 철도를 통해 전국의 물자와 사람이 몰려들었어. 회덕군에 속해 있던 대전은 1914년 대전군이 되었고 1932년에는 공주에 있던 충남도청이 옮겨 오면서 행정 기능까지 더하게 되었어. 대전은 지속적으로 인구가 증가하고 상업과 공업이 발전하며 성장했지만 공주는 한적한 소도시로 남게 되었지.

신탄진도 철도 개통과 함께 성장한 곳이야. '진'이라는 글자가 붙은 지명에서 알 수 있듯이 신탄진은 나루터 마을이었어. 금강이 갑천과 만나는 근처, 회덕에서 청주로 가는 길목의 나루터 마을이었는데 경부선이 개통되면서 기차역이 생기자 나루에서 역 쪽으로 지역의 중심이 이동을 했어. 신탄진에는 1960년대 담배 공장, 제지 공장, 콘크리트 회사 등이 생겼는데 편리해진 교통 때문이었지.

대전은 수도권과 충청도·전라도·경상도 지역을 잇는 요충지로서 교통이 계속 발달했어. 1970년에는 경부 고속 도로가 개통되었고 잇달아 호남 고속 도로도 개통되었어. 물론 모두 대전을 지나는 노선이었어. 이후에도 중부 고속 도로, 대전 통영 고속 도로 등이 대전을 지나면서 명실공히 교통의 요지가 되었지.

대전은 정부의 행정 기능도 나눠 가졌어 1997년 문화재청·산림청·통계청 등 11개 중앙 행정 기관이 포함된 정부 대전 청사가 들어섰고, 고등법원·검찰청·특허 법원 등의 관공서들이 자리 잡았어.

지금은 대전에 모여 있던 기능이 조금씩 분산되고 있어. 2012년 충남도청이 홍성으로 이전하자 도청을 중심으로 형성되었던 도심 지역이 쇠퇴하기 시작했고, 행정 복합 도시인 세종특별자치시까지 생겨 대전의 인구를 흡수하고 있지.

바다를 배경으로 발달한 도시들

　배들이 드나드는 항구 역시 교통 기능을 담당하며 규모 있는 도시로 성장하는 경우가 많아.

　해안선이 긴 우리나라는 곳곳에 항구가 발달해 있어. 항구는 어항, 상항, 공업항 등 저마다 역할이 조금씩 달라.

　어항은 어선이 주로 드나드는 항구로 지역 주민들의 생활 근거지가 되는 곳이야. 상항은 화물 운송을 주로 취급하는 항구를 말해. 공업항은 공장 밀집 지대와 가까이 있으면서 원료를 실어 오고 완성된 제품을 실어 내는 기능을 해. 국내 최초의 종합 제철소가 있는 포항, 우리나라 최대의 중화학 공업 단지인 울산, 석유 화학 공업 단지가 있는 여수, 세계 최대 제철소가 있는 광양 등에 국제적인 수준의 공업항이 발달해 있어. 태풍 등 날씨가 좋지 않을 때 근처를 지나던 배들이 쉬어 갈 수 있는 피난항도 있어. 제주도의 서귀포가 대표적인 피난항이야.

목포와 군산은 일제 강점기에 개발되기 시작한 항구 도시야. 이 곳은 주로 우리나라의 곡식을 일본으로 실어 가는 역할을 했지.

1960년대 이후에는 산업이 발전하면서 임해 공업 단지가 조성되었고 수출품을 실어 나르기 위한 무역항이 필요했어. 우리나라 제2의 도시 부산은 최대의 무역항으로서 발달한 곳이지.

부산은 항구가 발달하기 좋은 지형 조건을 갖고 있어. 산과 섬으로 둘러싸여 수면이 잔잔하고 밀물 썰물 차이가 크지 않아. 바다가 깊어 큰 배를 대기에도 좋지. 태평양으로 나아가는 길목에 있다는 것도 이점으로 작용해. 부산항은 한때 우리나라 수출 물량의 90%를 취급할 정도로 규모가 컸는데 인천항, 평택항, 당진항 등이 성장하면서 비중이 조금 줄어들었어.

서해안의 도시들은 한동안 중국과 교류가 없었기 때문에 상대적으로 발전이 더뎠어. 1980년대 후반부터 중국과 교역이 확대되고 1992년 정식으로 국교가 수립되면서 서해안 지역도 활기를 띠었지. 군장 지구(군산-장항), 대불 지구(목포-영암) 등의 산업 단지 조성은 증가하는 중국과의 교역에 대비함과 동시에 지역별 균형 발전을 꾀한다는 의미도 있어.

일제 수탈의 전진 기지가 됐던 군산

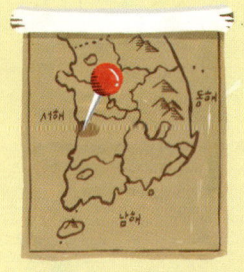

전라북도 군산은 바닷가라는 입지 조건을 바탕으로 성장하기 시작했어. 그런데 일제가 우리나라를 수탈하는 데 전진 기지로 삼았다는 것은 안타까운 일이지.

군산은 호남평야의 끝자락, 금강 하구에 있어. 고려와 조선 시대에는 임피현에 속하는 작은 포구였고, 일제 강점기에는 군산부라고 했지.

일제는 호남평야에서 생산된 쌀을 실어 가는 항구로 군산을 개발해. 당시 일본은 자기네 나라에서 생산되는 쌀로 인구를 다 먹일 수 없었는데 그 부족한 양을 메우기 위해 우리나라에서 대대적으로 쌀을 실어 갔어. 일제 강점기에 군산항을 통해 일본으로 간 물자 가운데 95%가 쌀이었을 정도야.

그런데 서해안에 있는 군산은 조수 간만의 차이가 커서 배를 대는 데 어려움이 많았어. 이를 극복하기 위해 만든 것이 지금도 남아 있는 뜬다리 부두야. 뜬다리란 물에 뜨는 상자 모양의 물체를 연결하고 그 위에 강판이나 나무로 바닥을 깔아 놓은 구조물이야. 이 뜬다리는 수면에 붙은 채 밀물 썰물에 맞춰 오르내리니까 배를 이 옆에 대어 놓고 사람이 타고 내리거나 하역 작업을 할 수 있어.

일제는 호남평야의 쌀을 효율적으로 운반하기 위해 내륙과 연결되는 교통 시설도 확충했어. 1908년 군산과 전주 사이에 우리나라 최초의 포장도로가 놓였어. 한때는 전군 가도로 불렸고 지금은 번영로로 불리는 도로야.

1913년에는 호남선 철도와 연결되는 군산선이 개통되면서 군산은 뱃길과 철도가 연결되는 교통의 중심지가 되었어. 물론 그 혜택은 고스란히 일본인들이 차지했지.

••• 일제 강점기 군산항의 모습

군산 지역에는 일본인이 운영하는 농장이 200곳 넘게 있었고 부근 농민들을 소작인으로 부렸다고 해. 군산에는 일본인들이 대대적으로 모여 들었고, 전체 인구의 절반을 차지할 정도였어.

지금도 군산에는 당시의 사정을 보여 주는 흔적이 제법 남아 있어. 군산 세관, 조선 은행, 미즈 상사의 건물이 남아 있고 일본식 사찰도 있어. 히로쓰 가옥이라고 해서 일본식 저택도 남아 있고 말이야.

군산은 다른 항구들과는 달리 오직 쌀을 실어 가는 역할만 하다 보니 광복 후 급속히 쇠퇴하기 시작했어. 중국이 공산화되어 국교가 단절된 것도 서해안 항구 도시들의 축소에 영향을 미쳤어. 부산항·인천항 등 다른 항구들이 성장하는 동안 군산은 작은 지방 도시에 머물렀지.

그러다 1980년 현대식 부두 시설을 갖춘 외항을 건설하고 간척지에 국가 산업 단지가 들어서면서 군산의 재도약이 시작되었고, 1992년 중국과 국교를 맺고 무역이 증가하면서 활기를 띠게 되었지.

공업 단지는 어떤 곳에 들어서는 게 좋을까

경상북도 포항에서 울산광역시와 경상남도 마산을 거쳐 전라남도의 광양과 여수에 이르는 해안에는 공업 지역이 형성되어 있어. 이 지역을 통틀어 '남동 임해 공업 지역'이라고 해. 임해란 바닷가에 있다는 뜻이야. 하나같이 넓은 터가 필요한 중화학 공업 단지들인데, 대규모 공업 단지는 왜 바닷가에 생기는 걸까?

공장 입지를 정할 때에는 가능하면 비용이 적게 드는 조건에 맞추게 돼. 원료비·임금·연료비·운송비 등을 고루 따져서 생산비가 가장 적게 들어가는 방법을 찾는 거야.

예컨대 철광석을 제련해 철을 만드는 제철 공장은 원료인 철광석이나 연료인 역청탄이 나는 곳에 세우는 게 유리해. 철광석과 역청탄

모두 부피도 크고 무겁기 때문에 다른 곳으로 옮기려면 운송비가 많이 들거든. 이런 경우에는 원료나 연료가 있는 곳에 공장을 세워 제품을 만든 뒤 소비지로 보내야 운송비를 줄일 수 있어.

우리나라에서는 시멘트 공장이 원료 산지에 입지하는 대표적인 경우야. 원료인 석회석을 가공해서 제품인 시멘트를 만드는 동안 무게와 부피가 줄어드니까 원료가 나는 곳에서 제품을 만든 뒤 소비지로 옮기는 것이 운송비에서 유리하지.

반대로 음료수나 술은 제품이 되는 과정에서 무게와 부피가 늘어나는 제품이라 소비지인 도시 가까이에 공장을 세워.

가구 공장 역시 소비지 근처에 공장을 세우는 분야야. 덩치도 크거니와 운반 도중 파손되거나 흠집이 나면 상품성이 떨어지니까 그 위험을 줄이기 위해 소비지 가까이에 공장을 두는 거지.

그렇다면 대규모 공업 지역들이 바닷가에 조성되는 건 어떤 이유에서일까? 우리나라는 자원이 부족한 편이라 외국에서 원료를 수입하는 것이 많아. 제철, 석유, 화학, 제분, 제당 등 대부분의 공업이 원료를 수입해야 해. 또 완성된 제품은 대부분 외국에 수출을 해. 외국에서 원료를 수입해 제품을 만든 다음 다시 수출하는 방법으로 경제를 성장시켰던 거야. 그러다 보니 원료를 들여올 때나 제품을 내보낼 때나 모두 외국과 왕래하기 편한 곳에 공장을 세우는 게 유리했고, 바닷가 도시들을 중심으로 공업 지역이 조성된 거야.

남동 임해 공업 지역의 각 지구들은 저마다 뚜렷한 특성을 가지고 있어. 울산 지구는 석유 화학, 비료 공업, 조선, 자동차 공업 등이 발달했고 마산 지구는 섬유와 양조 공업이 활발해. 포항에는 종합 제철소가 있고, 여천 지구에는 석유·화학·비료 공장이 주로 모여 있어.

물론 우리나라 공업 지역이 바닷가에만 있는 건 아니야. 남동 임해 공업 지역은 중화학 공업을 중심으로 형성되어 있고, 전체적으로 봤을 때 우리나라 제일의 공업 지역은 수도권이야.

공업이 처음 발달할 때에는 식품이나 섬유 같은 소비재 경공업을 중심으로 출발해. 이 경우에는 원료, 동력, 노동력 등을 구하기 쉬운 도시 근처에 공장을 세우지. 자본, 노동력, 교통, 시장 등의 조건을 맞추다 보니 우리나라는 수도권을 중심으로 공단이 들어섰어. 서울의 영등포와 구로, 인천, 경기도 부천, 안양 등을 중심으로 한 수도권 공업 지대가 형성된 거야.

수도권을 중심으로 산업이 발달하자 일자리를 찾아 전국에서 사람들이 모여들었고, 도시가 갑자기 커지면서 각종 문제가 발생했어. 도시가 혼잡해지고, 인구에 비해 주택은 부족하고, 땅값은 치솟았어. 공장이 늘어나고 교통이 혼잡해지면서 공기 오염과 수질 오염 등 환경 문제도 심각해졌지.

문제를 해결하기 위해 공업 시설들을 분산시키는 정책이 실시되었어. 도시 안에 있던 공장들은 외곽으로 이전시키고 수도권에 몰려 있던 공업 지역을 분산시키기 위해 반월 산업 단지, 시화 산업 단지 등을 조성했지.

수도권 공업 지역은 1980년대 이후 컴퓨터와 반도체, 통신, 생명 공학 등 첨단 산업이 발전하면서 다시 각광 받기 시작했어. 지금은 첨단 산업의 80% 이상이 서울·수원·이천으로 이어지는 수도권에 분포해 있어.

첨단 산업이 수도권에 집중되는 이유는 전문 인력, 발달된 정보 통신 기술, 연구 개발 시설을 확보하는 데 유리하기 때문이야. 또, 원료나 제품을 수송하는 데 드는 부담이 크지 않다는 것도 요인으로 작용했어.

최초의 국가 산업 단지 울산

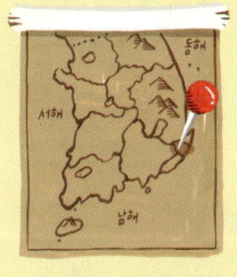

울산광역시는 남동 임해 공업 지역의 중심이 되는 곳으로 우리나라에서 가장 큰 중화학 공업 도시야. 울산이 지금처럼 큰 공업 도시가 된 것은 1962년 '제1차 경제 개발 5개년 계획'이 시작되면서부터야.

경제 개발 5개년 계획이란 경제 성장을 목적으로 5년 단위로 계획되고 추진되었던 정책이야. 1962년부터 1981년까지 네 차례에 걸쳐 추진되었고, 1982년부터는 '경제 사회 발전 5개년 계획'이라는 이름으로 바뀌어 1996년까지 시행되었어.

울산은 태화강과 동천이 만나는 평야 지대에 자리하고 있어. 태화강 하구 울산만은 수심이 깊으면서도 조수 간만의 차가 적고, 구불구불한 해안선 안쪽에 있어 파도와 바람을 피하기 좋아. 원자재를 수입하고 제품을 수출하기 위한 항구 발달에 유리한 조건인 거지. 또 태화강을 끼고 있어 공업용수가 풍부하고, 대도시인 부산과 가깝다는 것도 유리하게 작용했어.

울산에는 1964년 우리나라 최초의 정유 공장을 시작으로 자동차 공장, 조선소 등이 속속 들어섰어. 울산은 우리나라 자동차 산업의 요람으로 불리는데, 현대자동차 울산 공장은 단일 생산 공장으로는 세계 최대 규모를 자랑해. 또 조선업 분야에서는 유조선과 컨테이너선을 비롯해 LNG선(액화 천연가스 운반선), 자동차 운반선, 쇄빙상선, 구축함, 잠수함, 이지스함 등 각종 특수 선박을 건조하고 있어.

공업 도시로 성장하기 전 울산은 고래의 도시로 이름을 알리던 곳이야. 구한말 러시아의 포경 회사가 고래를 해체하기 위한 기지로 이용하면서부터 고래잡이의 전진 기지가 되었고, 광복 후에는 포경 회사들이 줄지어 생기면서 고래잡이가 성황을 이루었어. 국제 포경 위원회(IWC)가 상업 포경을 금지한 1986년까지만 해도 국내에 유통되는 고래 고기의 70~80%를 취급할 정도였지.

고래잡이는 금지됐지만 지금 울산은 고래의 도시라는 명성을 살리고 있어. 2008년 장생포 일대를 고래 문화 특구로 지정하는 등 고래를 주제로 한 관광지로 부활시키고 있는 거지. 울산에서는 고래 박물관, 고래 바다 여행선, 고래 연구소, 고래 생태 체험관 등 고래를 테마로 한 관광 사업을 적극 개발하고 있어.

도시가 커지면 어떤 문제가 생길까

　　1960년대 이전까지 우리나라 사람들은 대부분 농업에 종사했고 도시 인구는 별로 되지 않았어. 1960년대 중반부터 산업이 발달하고 도시가 커지면서 농촌에서 도시로 일자리를 찾아오는 사람이 크게 늘었지.

　　사람이 모이다 보면 학교, 상가, 병원, 금융 기관 등이 필요해지고 다양한 문화 시설과 서비스업이 생겨나게 돼. 그러면 이런 편리함 때문에 사람들이 더 많이 모이게 되고, 도시는 더욱 커지게 되지. 현재 우리나라 도시 인구는 전체 인구의 90%를 넘고 있어.

　　그런데 수십 년 사이에 폭발적으로 성장하며 급속하게 도시화가 되다 보니 발생하는 문제들이 많았어. 도시화로 생겨나는 문제로는 무엇이 있을까?

　우선 한정된 공간에 사람들이 몰리다 보니 주택이 부족하고 이로 인해 부동산 가격이 치솟아. 상하수도 같은 기반 시설을 제대로 갖추기도 전에 사람이 몰려들고 집들이 무계획적으로 들어서면서 도시가 무질서해졌고, 도시가 확장되면서 새로 개발되는 구간은 정리가 되더라도 기존에 개발된 곳들은 낙후된 채로 남기도 하지.

　사람이 너무 많이 몰리다 보면 일자리가 부족해지는 현상도 벌어져. 교통량이 늘어나 길이 막히는 건 흔한 일이 되고 주차 공간도 부족해. 넘치는 쓰레기를 처리하는 일도 쉽지 않고, 각종 소음과 진동 같은 환경 오염에도 시달리지.

　서울 같은 대도시는 점점 커지는 반면 지방의 소도시들은 별로 성장을 하지 못하고 격차가 벌어지는 것도 문제야. 도시와 농촌 간의 차이도 큰 문제지. 도시에는 인구가 많아 북적거리고 일자리를 찾지 못하는 사람이 많은데 농촌 인구는 점점 줄고 일손이 부족해 발을 동동 구를 지경이거든.

　문제점을 발견했다면 해결책을 찾아봐야겠지? 도시화로 인해 생기는 문제들을 해결하려면 어떤 방법이 좋을까?

　주택이 부족하면 공급을 늘려야 할 거야. 그렇다고 마냥 새로 짓는 것만이 능사는 아닐 테니 낡은 집을 고치고 재건축을 하는 방법도 함께 실시해. 구도심을 재개발하는 노력도 놓칠 수 없지.

　교통 문제를 해결하기 위해서는 도로를 확장하고 대중교통 수단을 늘리는 방법을 생각할 수 있어.

　환경 오염을 해결하는 것도 중요한 문제야. 공장에는 폐수 정화 처리 시설을 의무화하는 한편 잘 지키도록 감시도 소홀히 하지 않아야 해. 주택가에서는 상하수도 관리와 쓰레기 줄이기 등을 실천하고 말이야. 매연을 뿜어내는 석탄이나 석유 같은 연료보다는 천연가스나 태양열 같은 에너지를 사용하는 것도 한 방법이야. 빽빽하게 건물과 아스팔트만 들어섰던 도시에 숲과 공원을 늘리는 것도 환경을 개선하기 위한 방법이지.

　또 서울이나 부산 같은 대도시만 너무 커지지 않도록 위성 도시와 신도시로 사람들을 분산시키고, 지방 도시에 산업 시설을 옮기는 방법도 적극 활용하고 있어.

급속히 팽창한 거대 도시 서울

도시화로 인한 문제를 가장 크게 겪은 건 서울일 거야. 서울은 조선 시대부터 이미 우리나라에서 가장 큰 도시이긴 했지만 현대에 와서 산업화가 진행되며 워낙 급속하게 도시가 팽창했거든.

조선의 도읍이었던 한양은 지금의 중구와 종로구에 해당하는 지역만 포함했어. 지금의 1/40 정도 규모였고 인구는 10만 명 정도였다고 해.

조선 후기에 상업이 발달하고 인구가 많이 늘었지만 도시의 범위가 크게 확장되지는 않았어. 일제 강점기를 거치고 1950년대까지도 한강 이남 중 서울에 포함된 곳은 영등포 정도였어.

1960년대 경제 개발이 시작되면서 서울은 본격적으로 팽창하기 시작했어. 한강 이남이 서울에 포함된 것도 1963년이야. 영등포와 구로를 중심으로 서울 지역에 집중적으로 공업 단지가 형성되었고, 전

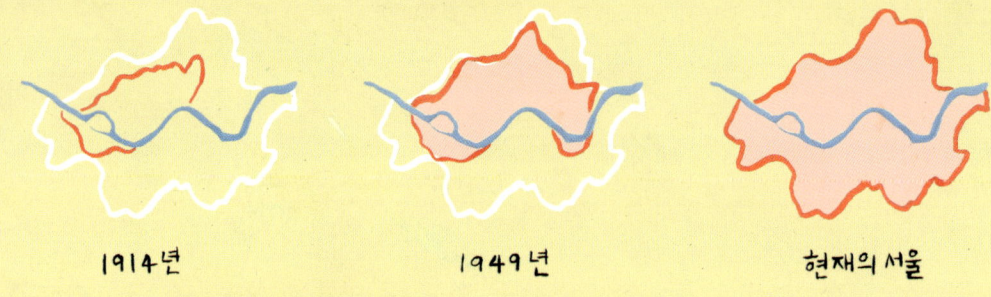

1914년　　　1949년　　　현재의 서울

국에서 사람들이 일자리를 찾아 몰려들었어.

　1970년대 서울 도심에는 고층 건물들이 들어서기 시작했고, 강남이 본격적으로 개발되면서 한강에 다리들이 건설되기 시작했어. 1970년대 말부터는 대규모 아파트 단지들이 들어섰지.

　인구도 폭발적으로 늘어났어. 해방 직후 90만 명을 약간 넘던 인구가 1959년 200만 명을 넘기더니 1970년에는 540만 명을 넘어섰어. 1988년에는 결국 인구 1000만이 넘는 거대 도시가 되었지.

　서울은 특히 인구 밀도가 세계적으로 높은 도시야. 1960년 9112명/km^2이었던 밀도가 1992년에는 1만 8121명/km^2까지 늘어났어.

　인구 밀도가 높은 것도 문제지만 서울에만 유난히 인구가 많다는 것도 문제야. 전국 인구 중 서울 인구가 차지하는 비중이 1960년에는 10% 정도였는데 1992년에는 25%로 최고를 이루었어. 면적은 전국의 0.61%에 불과한데 인구는 1/4이 몰려 있는 거야.

도시가 급속히 커지다 보니 서울은 도시화 과정에서 생기는 온갖 문제들을 겪었어. 우선 좁은 땅에 많은 사람이 모여 있으니 주택·교통·교육·직장 등 여러 문제가 발생했어. 집값은 하늘 높은 줄 모르게 뛰고, 교통 체증은 일상적인 일이야. 대기 오염을 비롯해 환경도 안 좋고 말이야.

서울이 지나치게 커지고 과밀화되는 문제를 겪는 동안 지방 도시들은 성장이 멈추고 심지어 낙후되는 문제를 겪기도 했어. 전국이 골고루 발전하지 못하고 수도권만 커지는 건 문제야.

그동안은 성장을 위해서 노력했다면 이제는 수도권에 몰린 시설과 인구를 전국에 분산시켜 균형 발전을 이루어야 해. 정부에서는 주요 관공서를 지방으로 이전시키고, 기업체와 공장을 지방으로 이전하면 혜택을 주는 등 다양한 정책을 만들고 있어.

또 신도시를 지어 서울의 기능을 나누기도 하지.

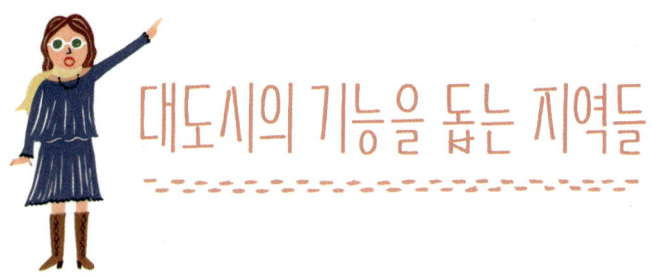

대도시의 기능을 돕는 지역들

　서울처럼 큰 도시는 시내의 모든 곳이 동일한 성격을 갖는 게 아니라 조금씩 다른 기능을 해. 관공서와 회사들이 모여 있는 업무 지역, 시장과 백화점 등이 모인 상업 지역, 공장들로 구성된 공업 지역, 주택들이 주로 모여 있는 주거 지역으로 나뉘는 식이지.

　이렇게 도시가 지역별로 분화되는 가장 큰 이유는 땅값 때문이야. 교통이 편리해서 누구나 찾아올 수 있는 도심은 땅값이 비싸고 도심에서 외곽으로 멀어질수록 땅값은 내려가. 상업 시설은 비싼 땅값을 감수하고라도 사람이 많은 도심에 들어서지. 서울의 중구와 종로구 일대에는 관공서, 기업 본사, 은행 본점, 호텔, 백화점 등이 입지해 있는 걸 볼 수 있어.

도심의 특징 중 하나는 고층 건물이 많다는 건데, 한정된 공간에 많은 시설과 사람들이 모이다 보니 건물이 높아질 수밖에 없는 거지. 그에 비해 주거 지역이나 공업 지역은 굳이 땅값이 비싼 도심을 고집할 필요가 없으니까 외곽에 들어서는 거고.

서울 같은 대도시들은 규모가 워낙 커서 도심의 기능이 도시 전역에 미치기 어려워. 모든 시민이 도심만 이용한다면 말할 수 없이 혼잡해질 거야. 그래서 도심과 외곽을 연결하는 교통 요지에는 도심의 기능을 일부 분담하는 부도심이 형성돼. 신촌, 청량리, 영등포, 영동, 잠실 등의 부도심은 도심이 지나치게 혼잡해지는 것을 막아 주지.

도시가 지나치게 커지면 주위에 있는 중소 도시가 행정이나 산업 등의 기능을 나누게 돼. 서울 인근의 성남, 안양, 과천, 부천 같은 도시가 그런 경우야. 이런 도시를 '위성 도시'라고 해.

위성 도시는 대도시의 기능을 나눠 가지기 전에도 도시로서의 역할은 하던 곳인데, 이와 달리 아예 도시를 새로 만들기도 해. 대도시에 인구가 지나치게 집중되면서 생기는 주택 및 교통 문제를 해결하기 위해 그 주변에 새로운 주택지를 개발하는 거야. 이런 곳을 신도시라고 하는데 분당, 일산, 평촌 등이 대표적인 경우야.

그런데 위성 도시나 신도시가 주거지 위주로 개발되는 경우가 많아 외려 서울을 키우는 셈이 되었어. 집은 신도시에 있으면서 직장을 서울로 다니는 사람이 많기 때문에 출퇴근 교통 혼잡이 더 심해지기도 해. 또 도심에는 인구 공동화 현상이 생기는데, 업무 시간이 끝난 뒤에는 그 많은 사람들이 외곽으로 빠져나가 버려 도심이 텅 비는 거지.

••• 도시 내부 구조

우리나라 최초의 신도시 수원 화성

수원 화성을 모르는 사람은 드물 거야. 유네스코 세계유산에 등재된 조선 시대 성곽 말이야.

수원 화성에 대한 이야기를 들어 보면 대개는 성곽 자체에 대한 내용이야. 성곽 축조 기술을 깊이 연구해 동서양의 축성술을 집약해 놓았다거나, 당시의 과학 기술을 총동원해서 쌓았다거나, 유형거·거중기·녹로 같은 기구를 이용했다거나, 기존의 성곽과 달리 벽돌을 사용했다거나 하는 것들 말이야.

그런데 수원 화성에 대해 알아야 할 또 한 가지 중요한 사실이 있어. 그건 바로 계획적으로 건설된 신도시라는 거야.

화성이 건설된 것은 조선 정조 임금 때야. 정조는 1789년 지금의 서울시립대 뒤쪽인 배봉산에 있던 아버지 사도세자의 무덤을 수원 관아가 있던 화산으로 옮겼어. 왕실의 무덤이 옮겨 왔기 때문에 원래 이곳에 있던 관아와 백성들은 터전을 옮겨야 했어. 정조는 수원 백성들이 옮겨 갈 신도시를 팔달산 아래 건설하고 이름을 화성으로 바꾸게 돼. 화성은 1794년 1월에 공사를 시작, 2년 9개월 만인 1796년 9월 완성되었어.

화성은 전쟁에 대비하는 튼튼한 군사 시설과 함께 일반 백성들이 거주하는 데도 불편이 없도록 설계되었어.

우선 자체적으로 식량을 해결할 수 있도록 화성 인근에 농토를 개간하고 수리 시설을 마련했어. 화성을 중심으로 동서남북에 네 개의 저수지를 만들었는데 이 중 북쪽의 만석거는 지금도 주변 농지에 농업용수를 공급하고 있고, 서쪽의 축만제 역시 서호로 이름이 바뀌어 화성시 일대에서 가장 큰 저수지로 남아 있어.

화성 안에는 북문인 장안문과 남문인 팔달문을 중심축으로 열십자 형태로 도로를 건설했고 이 도로 주변에 큰 상점과 가옥들을 배치했어. 이곳에 부호와 지주들을 살게 하는 한편 상인들에게는 세금을 줄여 주며 상업을 권장했지.

당시에는 어느 지방이든 오일에 한 번씩 장이 서는 것이 일반적이었는데 화성에는 상설 시장이 설치되었어. 동시에 남문과 북문 밖에는 각각 오일장이 섰지. 남문과 북문의 두 시장이 번갈아 열리고 인근 지역의 오일장까지 생각하면 화성 일대에서는 거의 매일 장이 섰던 셈이야.

정조는 화성이 서울 같은 도시로 성장하도록 물심양면으로 도왔어. 아버지 묘소에 참배한다는 이유로 거의 매해 화성을 찾았고, 그때마다 세금을 감면해 주고 과거 시험을 실시하는 등 화성 주민들에게 혜택을 주었지.

화성은 대한 제국 시기인 1895년 옛 이름인 수원으로 다시 바뀌었어. 1949년 수원의 일부가 수원시로 승격하면서 남은 지역은 화성군이 되었지. 수원은 1967년 서울에 있던 경기도청이 옮겨오면서 경기도의 중심 도시로 본격 성장하게 되었어.

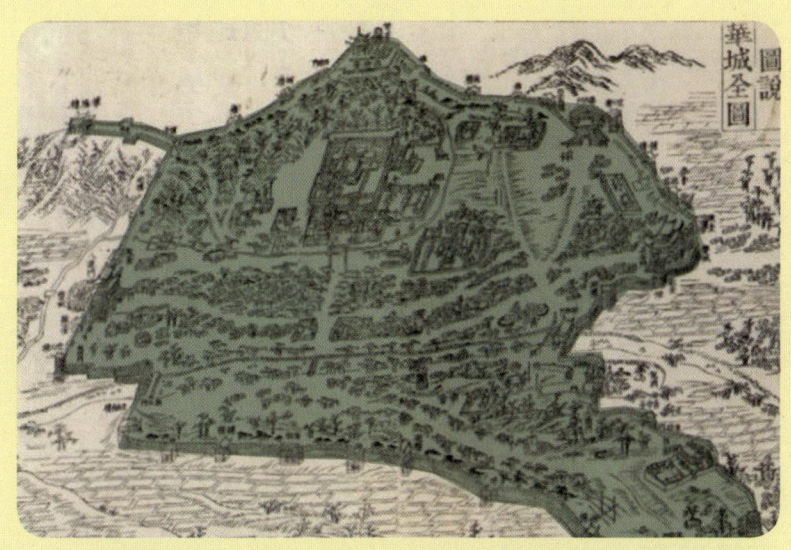

••• 〈화성성역의궤〉에 실린 화성의 모습. 팔달문과 장안문 사이에 가옥들이 줄지어 있다.

방방곡곡 한국지리 여행
찾아보기

ㄱ
가옥 구조 37
간척 159~161, 163, 164
감입 곡류 103
갑문 183
갯벌 132, 157~161, 162
거문오름 용암 동굴계 87
경도 14
경인 산업 단지 183
계절풍 36, 171
고생대 25, 76, 79
고위 평탄면 50
공룡 26, 30~32
공업 지역 210
공업항 193
공장 입지 198
곶 150
관광 자원 63, 80
구하도 103
국립 공원 64
국토 18
군사 도시 188
기단 36
기반 시설 205
기생 화산 85
기선 19
기후 구분법 33
김제평야 128
김해평야 133, 134
꽃샘추위 37

ㄴ
난류 23, 54, 172, 173
남동 임해 공업 지역 198, 200

ㄷ
다도해 146, 165
다목적댐 118
대륙붕 144, 145
댐 117~120
도시와 촌락 186, 187
도시화 204~206, 207, 209
도심 210, 212
도심 공동화 현상 212
돌리네 77, 80

ㄹ
리만 한류 173
리아스식 해안 144, 155

ㅁ
만 151
만경평야 128
무역항 194
무연탄 71, 72

ㅂ
바다 갈라짐 현상 166
반도 150
발원지 97, 100, 101
발자국 화석 27, 30~32
배타적 경제 수역 19
배후 습지 106
범람원 106, 127
벽골제 44, 129
본초 자오선 14
분수령 100, 101
분지 39, 48, 104

ㅅ
사구 152, 155
사력댐 122
사주 152
사행천 92
산업 단지 160, 194
삼각주 127, 130~132
삼엽충 25, 26
삼한 사온 37
상대적 위치 13
상업 지역 210
생태계 균형 161
석탄 63, 72
석호 16, 153
석회 동굴 77, 78, 87
석회암 지대 76~81
선상지 127, 130
수도권 공업 지대 200, 201
수력 발전 118
수리적 위치 14
시베리아 기단 36, 37
시스택 153, 154
신도시 189, 206, 213

ㅇ
신생대 21, 28, 79
양식업 174
어항 193
열섬 현상 40, 41
염전 17
영공 20
영동 54
영서 54
영토 18
영해 19
외항 181
용암 대지 135
우데기 170
위도 14
위성 도시 206, 211
유역 면적 90
육계사주 153
융기 27, 103
이수 해안 143
인구 밀도 208
임해 공업 단지 194

ㅈ
자연 제방 105, 106
장마 34, 92
절리 83
조수 간만의 차 144, 145, 158, 183, 195, 202
주상 절리 83, 139, 169
중생대 26, 82
지각 24, 28, 76
지각 변동 27
지구 온난화 171, 174
지질 시대 28, 29
지하자원 63, 68~72
지형성 강수 35

ㅊ
천일염 149, 175
철원평야 136, 137, 138~139
촌락 186, 187
충적 평야 127
측방 침식 95, 105
침수 해안 144

침식 50, 103, 104, 127
침식 평야 126, 127

ㅋ
카르스트 지형 80
칼데라 169
쿠로시오 난류 173

ㅌ
태백산맥 49
태풍 34, 92
테라로사 77
퇴적 127
퇴적 평야 126, 127
투막집 170

ㅍ
파식대 154
편마암 24, 25, 67, 104
평야 61, 126~127
푄 현상 35, 55
풍화 50
피난항 194

ㅎ
하굿둑(하구언) 93, 112, 113
하중도 106
한류 23, 172, 173
한반도 24, 68, 76, 142, 150
항구 143, 193
항구 도시 180, 189
항구 발달 145, 169, 183, 194, 202
해류 172
해리 19
해식 동굴 154
해식애 153
해안선 142, 143, 160, 172
해양성 기후 22
해협 151
행정 도시 189
현무암 86, 136, 137, 139, 169
호남평야 119, 128, 195
화강암 26, 67, 104
화산 활동 22, 26, 135, 166
화전 61